Helmut Reinke

Der Jahrtausendmanager
im EDV-Chaos

Helmut Reinke

Der
Jahrtausend-
manager
im
EDV
Chaos

HANSER

Der Autor:
Helmut Reinke, Ludwigsburg

Die Informationen in diesem Buch werden ohne Rücksicht auf einen eventuellen Patentschutz veröffentlicht. Alle in diesem Buch enthaltenen Programme und Verfahren wurden nach bestem Wissen erstellt und mit Sorgfalt getestet. Dennoch sind Fehler nicht ganz auszuschließen. Aus diesem Grund ist das im vorliegenden Buch enthaltene Programm-Material mit keiner Verpflichtung oder Garantie irgendeiner Art verbunden. Autor und Verlag übernehmen infolgedessen keine Verantwortung und werden keine daraus folgende oder sonstige Haftung übernehmen, die auf irgendeine Art aus der Benutzung dieses Programm-Materials oder Teilen davon entsteht.

Die Wiedergabe von Gebrauchsnamen, Handelsnamen, Warenbezeichnungen usw. in diesem Werk berechtigt auch ohne besondere Kennzeichnung nicht zu der Annahme, daß solche Namen im Sinne der Warenzeichen- und Markenschutz-Gesetzgebung als frei zu betrachten wären und daher von jedermann benutzt werden dürften.

Die Deutsche Bibliothek – CIP-Einheitsaufnahme

Reinke, Helmut:
Der Jahrtausendmanager im EDV-Chaos / Helmut Reinke. – München ; Wien : Hanser, 1999
  ISBN 3-446-21306-6

Dieses Werk ist urheberrechtlich geschützt.
Alle Rechte, auch die der Übersetzung, des Nachdrucks und der Vervielfältigung des Buches oder Teilen daraus, vorbehalten. Kein Teil des Werkes darf ohne schriftliche Genehmigung des Verlages in irgendeiner Form (Fotokopie, Mikrofilm oder einem anderen Verfahren), auch nicht für Zwecke der Unterrichtsgestaltung, reproduziert oder unter Verwendung elektronischer Systeme verarbeitet, vervielfältigt oder verbreitet werden.

© 1999 Carl Hanser Verlag München Wien
Internet: http://www.hanser.de
Gesamtlektorat: Sieglinde Schärl
Copy-editing: Lutz Friedrich, Poing
Herstellung: Monika Kraus
Gesamtherstellung: Kösel, Kempten
Printed in Germany

Vorwort

Globalisierung, Konkurrenz, Kostendruck und dazu noch der Shareholder Value – Manager haben es an der Schwelle zum neuen Jahrtausend wirklich nicht leicht, erfolgreich zu sein. Der Computer, der eigentlich dazu gedacht war, sie bei ihrer Arbeit zu unterstützen, spielt ihnen zudem meist noch einen Streich. Wie sie sich den Herausforderungen stellen und mit welchen Instrumenten und Konzepten sie ins neue Jahrtausend gehen, will dieses Buch zeigen. Da es sich um ein satirisches Buch handelt, erzählt es vor allem von dem, was alles schiefgehen kann (und muß). Es wird demonstriert, daß theoretisch wunderbar funktionierende Instrumente in der Praxis ihre Tücken aufweisen und Manager eben auch nur Menschen sind.

„Der Jahrtausendmanager im EDV-Chaos" ist dabei zweifellos ein anspruchsvoller Titel. Sie werden sich fragen, wie ich auf diesen Titel kam. Nun, daß Computer und Chaos zusammengehören, ist seit langem bekannt:

Ein Chirurg, ein Architekt und ein Programmierer unterhalten sich darüber, welche Berufsgruppe zuerst auf der Welt war.

Der Chirurg meint: „Ganz klar, daß wir Chirurgen zuerst da waren, denn schon in der Bibel steht: Der Herr nahm eine Rippe von Adam und formte Eva! Das ist eindeutig ein chirurgischer Eingriff, also waren wir zuerst da."

Der Architekt erwidert: „Also, wenn wir schon bei der Bibel sind: Am Anfang trennte der Herr das Wasser vom Land und bebaute es. Das ist eindeutig Architektur, also waren wir vor euch da."

Der Programmierer meint darauf nur ganz gelassen: „Aber ganz am Anfang herrschte das Chaos – wer, meint Ihr, war dafür wohl verantwortlich?"

Auf diese Frage will das vorliegende Buch Antwort geben und zeigen, daß die Kombination von Managern und Computern und dazu noch der Jahreswechsel 2000 zu einem noch größeren als dem biblischen Chaos führen kann.

Ich habe mich entschlossen, 1000 Exemplare dieses Buches an meine Kunden zu verschenken. Als kleine Gegenleistung für das

Geschenk wird im Internet auf unserer Homepage eine Liste mit den 1000 Namen hinterlegt und jeder der Beschenkten gebeten, eine kurze Rezension zu schreiben. Wenn auch Sie Ihre Anmerkungen zu diesem Buch loswerden wollen, so besuchen Sie uns doch im Internet unter: *www.reinke-net.de*.

Überzeugungsarbeit für dieses Buch hatte ich als erstes bei meiner Frau zu leisten. Als sie mich zur Rede stellte, warum ich unbedingt auch noch dieses Buch schreiben müsse, fiel mir nur diese Entschuldigung ein: Ich will mich wenigstens einmal als Autor eines Buches profilieren, das nur in zweiter Linie etwas mit Computern zu tun hat, bevor in diesem Jahr drei katastrophale Ereignisse eintreten:

- Die totale Sonnenfinsternis, die bekanntlich immer wieder den Weltuntergang ankündigt,
- Mein 50. Geburtstag, einen Tag nach der Sonnenfinsternis (falls die Erde dann noch existiert),
- Der Jahreswechsel 2000, der endgültig den Weltuntergang herbeiführen soll, wenn es die Sonnenfinsternis und mein 50. Geburtstag noch nicht geschafft haben.

Ihnen kann ich es ja gestehen: Eigentlich war das Buch zunächst als Weihnachtsgeschenk zum Jahrtausendwechsel nur für meine Kunden gedacht. Doch dann fiel mir ein, wie ich jeden 24.Dezember wie ferngesteuert durch die Fußgängerzone hetzte, um für meine Lieben ein passendes Weihnachtsgeschenk zu finden. Da ich dabei jedesmal mit Dutzenden von Leidensgenossen zusammengerempelt bin, beschloß ich, mir und diesen armen Menschen zu helfen. Also veröffentliche ich das Buch mit der Überlegung, daß es genug phantasielose Menschen gibt, die es aus lauter Verzweiflung als Geschenk kaufen werden. Sie sehen ja selbst, daß ich mit meiner Vermutung nicht so ganz falsch lag. Ebenfalls aus eigener Erfahrung empfehle ich es all jenen Ehefrauen, die es leid sind, daß ihre Männer während der gesamten Feiertage vor dem Computer sitzen. Schenken Sie ihm das Buch und Sie holen ihn zumindest für einige Zeit vom Bildschirm weg! Hier noch einige nützliche Tips, wofür mein Werk sonst noch gut ist:

1. Sie können darin hübsche Blumen oder seltene Insekten pressen.
2. Als Gewicht auf dem Papierstapel Ihres Schreibtisches verhindert es das Wegfliegen loser Blätter bei Zugluft.
3. Lassen Sie es in der Wohnung an einem gut sichtbaren Platz herumliegen, um Ihren Besuch zu beeindrucken. (Merke: Management und EDV beeindrucken immer!)
4. Sie werfen es einfach weg. Achtung: Dieses Buch ist ein kostbarer Rohstoff! Bitte führen Sie es der Altpapierverwertung zu.
5. Sie lassen es im Freien liegen, beobachten den natürlichen Verfall und schreiben selbst ein Buch über die Vergänglichkeit alles Irdischen.
6. Sie lesen es.
7. Sie haben endlich die passende Unterlage für Ihren wakkelnden Gartentisch.
8. Sie tauschen es in Ihrer Buchhandlung gegen ein wirklich gutes Buch.
9. Sie packen es mit ins Weihnachtspaket für Ihre Verwandtschaft.
10. Sie stiften es gegen Spendenquittung dem Goethe-Institut zur Verbreitung deutschen Kulturgutes in aller Welt.

Auch wenn ich es Ihnen gerne glauben machten wollte, muß ich doch bei der Wahrheit bleiben: das Buch entsprang nicht allein meiner eigenen Genialität. Deshalb bin ich gezwungen, mich recht herzlich bei Dr. Stephan Strobl (ich hoffe, ich hab´s richtig geschrieben: Dr. ohne „okto", Stephan mit „ph" und Strobl ohne „e") zu bedanken, der mich beim Schreiben ganz wesentlich unterstützte. Großer Dank gilt auch Isolde Kommer und Dilek Mersin, die für das Layout und die Illustrationen sorgten sowie Renate und Heinz Kommer, die die Korrekturen übernahmen. Die Ideen für dieses Buch stammen meist aus von mir betreuten Projekten, so daß ohne sie das Buch nicht hätte entstehen können. Vielen Dank daher auch an meine Kunden. Sollten Sie sich in der einen oder anderen Geschichte wiederfinden, hoffe ich, daß sie darüber ein bißchen schmunzeln können. *Last but not least* danke ich meiner Frau und meiner Tochter, die mich inzwischen nur noch vom Bild auf meiner Homepage kennen.

Inhaltsverzeichnis

Vorwort 5
EDV-Schulungen: Ein Excel-Guru verrät sein Erfolgsrezept 11
Von der Schwarzwälder Kirschtorte zum Tortendiagramm:
Der Weg zum Excel-Guru 11
Fazit 29
MIS: Vorstandssichere Datenverarbeitung **33**
Eine kurze Einführung in die Welt des MIS 33
Das MIS, das Firmenlogo und die Zugriffsrechte 36
Auf der Suche nach dem Tatmotiv: Die Datengläubigkeit 50
Fazit 54
**Jahresabschluß – wie nackte Zahlen hübsch bekleidet.........
werden.. 55**
Die drei B´s: Bilanz, Bilanzpolitik und Bilanzanalyse 55
Der Buchhalter und seine Bilanz – eine Liebesgeschichte...... 59
Fazit 77
Projektmanagement: In Erwartung des Unerwarteten........ 79
Projektmanagement – was ist das? 79
Projekt Jahrtausendfeier 82
Fazit 100
Mit dem Internet an die Börse **103**
Die Welt des Internet... 103
Der Weg zum Internet-Millionär – eine Erfolgsstory............. 106
Fazit 123

Mind Mapping – der Baum der Erkenntnis **125**
Mind Mapping – was ist das? 125
Der Controller, seine Frau und die Aufsichtsratssitzung –
ein Beziehungsdrama 129
Fazit 153
Portfolioanalyse – von Kühen, Sternen und Vierteilungen 155
Kennen Sie Markowitz und Kostolany? 155
Der Unternehmensberater und das Personalportfolio –
eine (fast) wahre Geschichte 164
Fazit 174
Anhang **177**
Upgradewarnung 179
Viruswarnung 181
Warum überquerte das Huhn die Straße? 183
Was man beim Umgang mit Computern
unbedingt wissen muß 187
Die Benutzerfreundlichkeit von Toastern 191

EDV-Schulungen: Ein Excel-Guru verrät sein Erfolgsrezept

Man sieht es Hartmut Kreiner auch heute noch an, daß er in einer Konditorei groß geworden ist. Der Spaß am Essen im allgemeinen und an süßen Sachen im besonderen entschuldigt er gerne als „Sex im Alter", wobei er natürlich erwartet, daß man ihm heftig widerspricht:

„Aber Herr Kreiner, Sie sind doch im besten Mannesalter!"

Von der Schwarzwälder Kirschtorte zum Tortendiagramm: Der Weg zum Excel-Guru

In der elterlichen Konditorei müssen auch die Wurzeln für Kreiners ausgeprägten Geschäftssinn liegen. Er versteht es vorzüglich, zu verkaufen und Leute zu begeistern – egal, ob es sich um Schwarzwälder Kirschtorte, handgeknüpfte Teppiche aus Indien oder Computerprogramme handelt.

Aber der Reihe nach: In einer Konditorei aufzuwachsen, ist mit Sicherheit der Traum eines jeden Kindes. Die wunderbare rosarote Sahnetorte, die es sonst nur zum Geburtstag gibt, kann man da jeden Tag essen. Und wenn man keine rosarote Torte mehr mag, gibt es eben Schokoladentorte oder Pflaumenkuchen mit Schlagsahne. Ja, in einer Konditorei könnte man leben wie der Kaiser von Konstantinopel. Hartmut lernte aber nicht nur die Schokoladenseite dieses Schlaraffenlandes kennen. Da zu einem gepflegten Sonntagskaffeekränzchen ein schönes Stück Torte nicht fehlen darf, mußte Hartmut auch am Tag des Herrn ältere Damen mit Käsesahneschnittchen beglücken, während seine Kumpels Fußball spielten oder im Freibad herumtollten.

Ein guter EDV-Trainer erweist als Entertainer seinen Kursteilnehmern gerne einen (Gummi-)Bärendienst.

Und es war mit Sicherheit auch kein Vergnügen, im Cafe „Herrschaften" zu bedienen, die sich zwar für solche hielten, aber die Umgangsformen von Bierkutschern hatten.

Doch all dies konnte Hartmut die Freude am Geschäft nicht vermiesen, und so war es für ihn nur konsequent, daß er nach der Schule Betriebswirtschaft studierte. Während seines Studiums lernte er einen indischen Studenten kennen, von dessen sagenhaftem Reichtum er noch heute ab und an erzählt. Als er seinen Freund in dessen Heimat besuchte, zeigte der ihm ein Zimmer, in dem bis an die Decke gebündelte Geldscheine gestapelt waren.

Auf dem Dach des Palastes (es war wirklich ein Palast) sagte er zu Hartmut, indem er mit der Hand in die Ferne deutete:

„So weit Du sehen kannst: Dies gehört alles mir!"

Hartmut Kreiner war davon so beeindruckt, daß er beschloß, nach dem Studium nach Indien zu gehen, um dort sein Glück zu suchen. Schon bald arbeitete er als Warenbroker für große deutsche Waren- und Möbelhäuser und kaufte in Indien Teppiche und so weiter für seine Auftraggeber.

Er verdiente damit viel Geld. Doch der große Wurf war ihm bislang nicht gelungen. Da bot sich für ihn die einmalige Chance, mehrere Tonnen Soja an eine Wurstfabrik in Jordanien weiterzuverkaufen. Er wußte: Wenn er dieses Geschäft erfolgreich über die Bühne bringen würde, bräuchte er die nächsten Jahre nicht mehr zu arbeiten. Er bereitete seinen Deal akribisch vor, begleitete das Soja vom Einkauf bis in die Laderäume des Schiffes, wohl wissend um die Schlitzohrigkeit und Bestechlichkeit indischer Arbeiter und Beamter. Nachdem das Schiff den Hafen verlassen hatte, war für Hartmut Kreiner alles getan. Er mußte nur noch auf die Überweisung aus Jordanien warten. Doch diese traf nie ein. Das Soja entsprach nicht den hohen Qualitätsanforderungen der Wurstfabrik, und er hatte eine stolze Summe Geldes in den jordanischen Sand gesetzt.

In einer Konditorei aufzuwachsen, ist kein reines Vergnügen...

Daher kehrte er Indien den Rücken und kam zurück nach Deutschland. Hier trat gerade die EDV ihren Siegeszug in den Firmen an. Hartmut Kreiners Geschäftssinn sagte ihm sofort, daß sich hier eine boomende Branche entwickelte und daß man möglichst als einer der ersten dabei sein müßte.

Also drückte er noch einmal die Schulbank und studierte Organisationsprogrammierung. Um sich seinen ersten Rechner anschaffen zu können, mußte er sein Auto verkaufen. Doch dann bekam er wieder eine Chance, die seinen weiteren Lebensweg prägen sollte: Er durfte ein Jahr lang in den geheiligten Hallen eines jeden Computerfreaks arbeiten, bei Microsoft in Redmond. Vielleicht liegt es an seiner Begegnung mit Bill Gates, daß ihn niemand von seiner Begeisterung für alle Microsoftprodukte abbringen kann, auch wenn diese bekanntermaßen einige Schwächen aufweisen. Allerdings besitzt er so viel Humor, daß er immer wieder gerne einen Witz über Bill und seine Programme erzählt, wie wir gleich sehen werden.

Aller Anfang ist schwer

Der Weg zum Trainer begann an einem freundlichen Oktobertag auf der „Systems" in München. Hartmut Kreiner hatte vor wenigen Tagen einen neuen Arbeitsvertrag unterschrieben und besuchte nun mit seinem Chef verschiedene Messestände. Natürlich verweilten sie am Stand von Microsoft am längsten. Denn Hartmut Kreiner traf hier einen ehemaligen Kollegen aus Redmond.

Nach einigen Fachsimpeleien nahm der Chef Herrn Kreiner zur Seite:

„Wie ich sehe, Herr Kreiner, kennen Sie sich ja in der Welt von Microsoft recht gut aus. Ich habe heute früh erfahren, daß mein Dozent für Word krank geworden ist. Könnten Sie seinen Kurs übernehmen? Es ist zwar ziemlich kurzfristig, der Kurs beginnt bereits morgen, doch das dürfte für Sie als Microsoft-Insider kein Problem darstellen!"

Herrn Kreiners gute Laune nach dem *Small Talk* über die guten alten Redmond-Tage ist plötzlich verflogen.

„Aber ich habe doch keine Ahnung von Word!"

Der Chef entgegnet: „Na, Sie werden das schon machen!"

Kreiner trabte wortlos neben seinem Vorgesetzten her, ohne weiter auf die Messestände mit all ihren Neuheiten zu achten. Er sah sich schon vor den Kursteilnehmern stehen, mit dem einzigen Wissen, daß Word ein Produkt von Microsoft ist. Sicher, er könnte einige Geschichten aus Redmond erzählen, vielleicht auch aus Indien, aber irgendwann würden die Kursteilnehmer etwas über Word lernen wollen – und dann?

Doch wer einige Zeit in Indien zugebracht hat, lernt zu improvisieren. Kreiner bat einen Azubi, in der Buchhandlung ein Handbuch über Word zu beschaffen, wobei er ihm einschärfte, ein Einsteigerbuch zu kaufen:

„Nehmen Sie bitte ,Word für Idioten' oder so ähnlich, damit ich mich schnell einlesen kann!"

Als Hartmut Kreiner nachmittags von der Messe in sein Büro zurückkehrte, fand er bereits das Word-Buch auf seinen Schreibtisch. Glücklicherweise war das Programm auf seinem Computer installiert, so daß er die einzelnen Lektionen gleich nachvollziehen konnte. Es dauerte bis tief in die Nacht hinein, doch dann hatte er das erste Kapitel durchgearbeitet und sich einige Notizen für seine Schulung am nächsten Tag gemacht.

Noch müde von der letzten Nacht und mit weichen Knien, betrat Herr Kreiner den Schulungsraum. Zwanzig Teilnehmer blickten ihn erwartungsvoll an, und er hoffte nur inständig, daß sie brav seinen vorbereiteten Übungen aus dem Handbuch folgen würden, ohne Fragen zu stellen.

Natürlich kam eine ganze Reihe von Fragen, von denen er zu seinem eigenen Erstaunen sogar die eine oder andere beantworten konnte. Da sein Wissensvorsprung gegenüber den Schülern nur einige Stunden betrug, versuchte er, den meisten Fragen mit „Das behandeln wir erst in der übernächsten Lektion!" oder „Diese Fragestellung geht weit über einen Anfängerkurs hinaus!" auszuweichen.

Als wirkungsvoll erwies es sich auch, die Frage zurückzugeben bzw. weiterzureichen.

„Wenn Sie über Ihre Frage genau nachdenken, kommen Sie garantiert selbst auf die Lösung! Probieren Sie es einfach, Sie können ja nichts falsch machen!" und *„Eine interessante Frage, wer von Ihnen kann sie beantworten? ... Ja, bitte, Herr Müller."*

Auf diese Weise rettete sich Kreiner so erfolgreich über den ersten Tag, daß ihm der gesamte Kurs am Ende der Stunde applaudierte. Als alle Schüler den Raum verlassen hatten, setzte er sich in das leere Klassenzimmer und staunte über sich selbst. Daß er ein Improvisationstalent besaß, wußte er bereits. Daß er aber offensichtlich auch ein talentierter Trainer war, hatte er nicht vermutet. Und vor allem, es hatte ihm richtig Spaß gemacht.

Mit neuem Schwung kehrte er in sein Büro zurück und schlug das zweite Kapitel des Handbuchs auf. Auch in dieser Nacht sollte es wieder spät werden, denn am nächsten Tag wollte Herr Kreiner seinen Schülern die Vermittlung des Stoffes mit einigen Anekdoten und Witzen rund um Bill Gates und Microsoft schmackhaft machen:

1. *Thomas Gottschalk hat den Microsoft-Witze-Erfinder gemeinsam mit Bill Gates in die Talkshow eingeladen: „Erst waren es die Ostfriesen, dann die Mantafahrer, dann folgten Blondinenwitze und jetzt ist offensichtlich Microsoft dran." „Wir haben das aber echt nicht verdient", meint ‚Billy Boy', „wir entwickeln die besten Programme weltweit, bugfrei, zu einem fairen Preis. Mit uns geht die Arbeit am PC locker von der Hand, mit uns macht die Arbeit Spaß." „Hört sich gut an", meint der Witze-Erfinder, „aber DER ist nicht von mir."*

2. *Warum ist Windows95 hardwarefreundlicher als Win NT ? Es läßt die Reset-Taste nicht einrosten.*

3. *In einem Auto fahren drei Angehörige der Firma Microsoft, der Hotline-Betreuer, der Verkaufsleiter und der Programmierer. Plötzlich eine Reifenpanne und kein Ersatzreifen dabei! Der Hotline-Betreuer: „Da hinten ist 'ne Telefonzelle, laßt uns den Reparaturdienst anrufen!" Der Verkaufsleiter: „Rufen wir den*

Autohersteller an. Die sollen uns einen Neuwagen schicken!" Der Programmierer: „Laßt uns weiterfahren, vielleicht merkt's keiner!"

4. Zwei Microsoftler im Auto, plötzlich fällt der Motor aus. Der eine: „Mist, ein Bug im Betriebssystem." Der andere: „Komm, wir steigen aus, machen alle Türen einmal auf und wieder zu. Vielleicht geht's dann ja wieder."

5. Bill G. findet eine alte Flasche und entkorkt sie. Es entfleucht ein guter Geist und fragt ihn nach seinem Herzenswunsch, als Dank für die Befreiung. Gates entfaltet eine Jugoslawienkarte und sagt: „Sieh mal dieses gebeutelte, zerstückelte Land – hier eine Enklave, da eine Schutzzone, dort ein Krisengebiet... ich möchte, daß das ein Ende hat!" „HMMMM....seeeehr schwierig....SEEEHR schwierig! Hast du nicht einen einfacheren Wunsch?" „Na gut. Alle Welt flucht über meine Firma, sagt, wir würden Monopole errichten, die Innovation abtöten und nur teuren Schrott produzieren....Also, das muss endlich einmal aufhören!!!" Sagt der Geist: „Ähh....könnte ich vielleicht noch einmal die Karte sehen........?"

Derartig gerüstet, schritt Hartmut Kreiner am nächsten Morgen in den Schulungsraum. Sollte eine Frage auftauchen, die er nicht beantworten könnte, würde er eine neue Taktik anwenden. Statt wie am ersten Tag die Frage zurückzustellen, wollte er nun einen Microsoft-Witz erzählen, etwa nach dem Motto: „Gut, daß Sie die Frage stellen, in diesem Zusammenhang fällt mir ein passender Witz ein..."

Da Kursteilnehmer die Angewohnheit haben, Fragen zu stellen, die nicht einmal der Programmierer von Word beantworten könnte, hatte Herr Kreiner bald Gelegenheit, seine neue Waffe zu testen.

Als er zum dritten Mal eine Frage mit einem nicht zum Thema passenden Kalauer beantwortete, durchschaute auch der letzte Schüler Herrn Kreiners Taktik. Doch keiner stellte ihn deswegen zur Rede, denn alle fanden diesen Typen irgendwie witzig. Und was sprach schon dagegen, sich statt des trockenen Stoffes lieber ein bißchen über Bill und Microsoft erzählen zu lassen? Schließlich bezahlten ja nicht sie, sondern das Arbeitsamt die Kursgebühr. Mit dieser stillen Übereinkunft erlebten die Kursteilnehmer eine recht amüsante Woche, in der sie unter anderem auch ein wenig über Word lernten. Und Hartmut Kreiner hatte seine neue Berufung entdeckt: Er wollte EDV-Trainer werden.

Haribo macht Kinder froh – und Manager ebenso

Nachdem auch der Chef von der Begeisterung der Kursteilnehmer für Herrn Kreiners unkonventionelle Unterrichtsmethoden erfahren hatte, erhielt der in den nächsten Monaten Gelegenheit, sich in den Programmen von Microsoft fit zu machen. Zunächst beschäftigte er sich mit Word und Powerpoint, entdeckte aber bald seine Liebe zu Excel.

Der Termin für den ersten Excel-Kurs stand bereits fest, und Herr Kreiner überlegte sich sein Konzept. Hatte er bei seinem Word-Seminar Witze und Anekdoten eingesetzt, um sich irgendwie über den Tag zu retten, wollte er jetzt ganz bewußt versuchen, seine Zuhörer zu motivieren. Denn er wußte noch aus eigener leidvoller Erfahrung in seiner Studentenzeit, daß man in den meisten Vorlesungen weniger mit dem Stoff als mit der Langeweile und dem Schlaf zu kämpfen hatte. Also wollte er die Schulung zum Event entwickeln, bei dem das Lernen der Excel-Lektionen richtig Spaß machen soll.

Auch da half ihm die Erinnerung an längst vergangene Tage weiter: Damals, als in der zweiten Klasse Rechnen auf dem Lehrplan stand, veranstaltete die Klassenlehrerin jedesmal zu Beginn der Stunde einen Wettbewerb im Kopfrechnen. Alle Schüler mußten aufstehen, und sie las von einem Zettel eine Rechenaufgabe ab: „3 plus 4 mal 7 minus 9 durch 5...", wobei sie allmählich das Tempo steigerte. Wer der Rechnung nicht mehr folgen konnte, mußte sich setzen.

Als am Schluß nur noch drei Rechenkünstler standen, fragte sie jeden nach dem Ergebnis. Derjenige, der die richtige Zahl nannte, erhielt eine Belohnung in Form von Süßigkeiten.

Kein Wunder, daß sich Hartmut damals zum besten Kopfrechner entwickelte. Trotz der vielen leckeren Sachen in der elterlichen

Konditorei schmeckten die Bonbons der Lehrerin doch am besten, eben weil sie mit Anerkennung und den neidischen Blicken seiner Mitschüler gewürzt waren.

Dieses Erlebnis wollte er jetzt auch seinen Seminarteilnehmern zugute kommen lassen. Dazu schickte er den Lehrling, der ihm schon mit dem Word-Handbuch aus der Patsche geholfen hatte, in den Supermarkt, um dort einen ganzen Karton kleiner Tütchen mit Gummibären zu besorgen.

Als er am ersten Tag des Excel-Kurses den Schulungsraum betrat, wunderten sich die Teilnehmer zunächst, was er mit dem Karton Gummibärchen unter seinem Arm vorhatte, doch Herr Kreiner ignorierte die fragenden Blicke. Um Spannung aufzubauen, durfte er dieses kleine Geheimnis auf keinen Fall vorschnell lüften.

Also begann er den Kurs, wie jeder Kurs beginnt: Er nannte zunächst seinen Namen, erzählte, welchen Stoff die Gruppe in den nächsten Tagen gemeinsam durchnehmen würde und ließ dann die Kursteilnehmer sich selbst vorstellen. Zu seinem Erstaunen befanden sich viele gestandene Manager im Kurs, die in gewohnt kühl-distanzierter Art und mit einer fast schon zu großen Portion Selbstbewußtsein ihre Position und Tätigkeit beschrieben. Herrn Kreiner beschlichen allmählich Zweifel, ob er diesen distinguierten Herren allen Ernstes Gummibärchen überreichen sollte. Ein Zweitkläßler mag sich über Süßigkeiten freuen, aber ein Manager?

Gleichwohl, Herr Kreiner wollte es nun wissen. Nachdem die Rechner hochgefahren waren und jeder eine Excel-Mappe vor sich auf den Bildschirm hatte, erklärte er einige grundlegende Dinge zur Formatierung von Daten. Dann stellte er seinen Schülern eine knifflige Aufgabe:

„Sie haben gesehen, wie man vorgefertigte Zahlenformate verwenden kann. Doch diese können nicht alle Anwendungsfälle in der Praxis abdecken. Was machen Sie, wenn beispielsweise hinter den Zahlen die Einheit ‚Stück' erscheinen soll, Sie aber trotzdem mit den Zahlen rechnen wollen?"

Erfahrungsaustausch nach dem Kurs

Die meisten der Angesprochenen zuckten mit den Schultern. Einige versuchten am Bildschirm die Frage zu lösen, und plötzlich meldete sich einer, der sich als Bereichsleiter eines bayerischen Autokonzerns vorgestellt hatte:

„*Ich gehe ins Menü ‚Format', wähle dort den Befehl ‚Zellen', klikke dann auf den Reiter ‚Zahlen' und gebe unter ‚Benutzerdefiniert' das Zahlenformat #.##0 ‚Stück' ein.*"

Mit einem „*Hervorragend, Herr Dr. Schmidt! Und hier kommt Ihre Belohnung,*" griff Herr Kreiner in den Karton mit den Gummibärchen, nahm ein Tütchen und warf es dem würdigen Herrn Doktor zu. Dieser erschrak gewaltig, als die Tüte auf ihn zugeflogen kam und fing sie mit einer Reflexbewegung auf. Völlig verdutzt betrachtete er die bunten Bärchen in seinen Händen. Dann blickte er in die Runde, um festzustellen, wie die anderen auf diese ungewöhnliche Situation reagierten.

Als er sich vergewissert hatte, daß niemand über ihn lachte, ja daß in dem einen oder anderen Gesicht sogar ein wenig Bewunderung und Neid zu erkennen waren, huschte ein zufriedenes Lächeln über sein Gesicht. Er öffnete die Tüte, nahm ein paar Bärchen heraus, die er gleich verspeiste, und bot dann seinen Nachbarn die restlichen an. Damit war für Kreiner der Beweis erbracht: Zweitkläßler und Manager unterscheiden sich nur marginal.

Im Verlauf der Kurswoche leerte sich der Karton zusehends, und unter den Teilnehmern kursierte bereits ein Ranking, wer denn bisher die meisten Tütchen zugeworfen bekommen hatte. Derartig motiviert, hingen die Schüler an Herrn Kreiners Lippen und warteten schon begierig auf die nächste Frage, um mit einer guten Antwort eine weitere Tüte auf ihrer Strichliste vermerken zu können. Am Ende der Kurswoche spitzte sich das Rennen um die meisten Gummibärchentüten zu.

Immer häufiger wurde kritisch eingewandt, daß diese oder jene Antwort doch kein Tütchen wert sei. Besonders Herr Dr. Schmidt, der mit einem knappen Vorsprung von zwei Tüten vor einem Geschäftsführer aus dem Schwabenland die Bärchen-Hitliste anführte, begann bei jeder Belohnung, die einem anderen Teilnehmer zuteil wurde, eine Diskussion über die Kriterien der Gummibärchenvergabe.

Die Situation eskalierte, als sowohl er als auch der Schwabe eine richtige Antwort auf Herrn Kreiners Frage anboten. Der hielt nämlich die Lösung des schwäbischen Geschäftsführers für die elegantere und wollte diesem eines seiner letzten Tütchen zuwerfen, als plötzlich Dr. Schmidt von seinem Platz hochschnellte, sich in die Flugbahn der Tüte warf und sie im Fallen auffängt. Als er sich wieder aufgerappelt hat, murmelt er trotzig etwas wie:

„Die Gummibärchen gehören mir! Meine Antwort war eindeutig besser!"

Herr Kreiner konnte ein Handgemenge zwischen den beiden Herren nur dadurch vermeiden, daß er auch dem Konkurrenten ein Päckchen mit den begehrten Bären zukommen ließ. Als am Freitag das Ende des Kurses nahte, war es an der Zeit, den Sieger des Gummibärchenwettbewerbs zu küren.

Dr. Schmidt war sich seines Triumphes ganz gewiß, konnte er doch den hauchdünnen Vorsprung vor seinem Verfolger erfolgreich verteidigen. Doch hatte er seine Rechnung ohne die weibliche Raffinesse gemacht. Drei Damen des Kurses hatten sich angesichts der männlichen Dominanz solidarisiert und ihre Tütchen zusammengelegt. Nach dem Motto „Gemeinsam sind wir stark" ließen sie auf diese Weise den Herrn Doktor weit hinter sich und erhielten von Herrn Kreiner den Preis des Kurses, jeweils ein Excel-Handbuch. Herr Dr. Schmidt versuchte noch, mit „Betrug!" und „Das ist gegen die Regeln!" das Schicksal zu wenden, doch seine Rufe gingen im Applaus der Kursteilnehmer für die gewieften Damen unter.

Von drauß' vom Walde komm' ich her

Trotz des Erfolgs seiner Seminare gab sich Herr Kreiner mit dem Erreichten nicht zufrieden. Er hatte den Ehrgeiz, sich für jeden Kurs etwas Besonderes einfallen zu lassen. Bei seinen Vorbereitungen vergaß er regelmäßig Raum und Zeit, so daß ihn seine Frau des öfteren aus dem Arbeitszimmer holen mußte.

Sie hatte sich dazu ein T-Shirt mit der Aufschrift „*www.ab.ins.bett.de*" besorgt. Herr Kreiner wußte genau, daß es jedesmal, wenn seine Frau, mit diesem T-Shirt bekleidet, drohend in der Türe stand, höchste Zeit war, den Computer abzuschalten, um ernsthafte eheliche Turbulenzen zu vermeiden. Das Prinzip von Motivation durch Belohnung praktizierte er auch selbst. Wie er seine Kursteilnehmer für gute Antworten belohnte, gönnte auch er sich nach jeder guten Idee eine Kleinigkeit – Gummibärchen natürlich.

Nur daß sich Herr Kreiner nicht mit der Minitüte zufrieden gab, nein, es mußte schon die Jumbopackung sein. Da er eine ganze Menge guter Ideen hatte, verwunderte es nicht, daß sein Körpergewicht beachtlich zunahm. Doch das paßte ganz gut zu seiner Idee für das nächste Seminar, das kurz vor Weihnachten stattfinden sollte. Herr Kreiner plante, in der ersten Stunde als Weihnachtsmann aufzutreten, mit einem Sack voller Geschenke, die während des Kurses für die besten Antworten verteilt werden sollten.

Und ein kleiner Bauchansatz gehört zu einem Weihnachtsmann einfach dazu, fand Herr Kreiner. Als er sich ein rotes Kostüm für eine stilechte Verkleidung ausleihen wollte, mußte er allerdings feststellen, daß Weihnachtsmänner im allgemeinen wohl doch einen etwas geringeren Bauchumfang aufweisen als er. Ihm blieb nichts anderes übrig, als die unteren Knöpfe der Jacke offenzulassen. Mit diesem Kostüm, passendem Bart und Mütze trat er vor sein Publikum mit den Worten:

„*Von drauß' vom Walde komm' ich her,*
Ich muß Euch sagen, es excelt sehr!
Und ich seh´s an Euren Nasenspitzen,
Ihr habt bereits gehört von meinen Witzen!
In meinem Sack habe ich leckre Gaben,
Die soll jeder für eine gute Antwort haben!"

Beim Stichwort „Sack" starrten die Kursteilnehmer unwillkürlich auf die Kugel, die aus dem roten Kostüm hervorquoll. Auf den ersten Blick erweckte Herrn Kreiners „Gummibärchenfriedhof" tatsächlich den Eindruck, als würde er seinen Gabensack vor dem Bauch tragen. In jedem Fall erlebten die Teilnehmer den ungewöhnlichsten Seminarauftakt ihres Lebens. Und das sollte nur der Anfang sein.

Da die Seminarräume überheizt waren, drohten einige Schüler in Morpheus Arme zu entgleiten. Um dies zu verhindern, ließ Herr Kreiner jede halbe Stunde den ganzen Kurs aufstehen, die Fenster öffnen und zwanzig Kniebeugen machen. Für einige hartnäckige Schläfer, die trotz der körperlichen Ertüchtigung nicht die notwendige Aufmerksamkeit aufbringen konnten, hatte er ein Spezialprogramm entwickelt. Sie mußten aufstehen, die Computermaus auf ihre linke Schulter legen, ohne daß sie herunterfiel und dabei so tun, als ob sie diese mit Gummibärchen füttern würden. In der hintersten Reihe saßen zwei Teilnehmer, denen ebenfalls die nötige Begeisterung für den Kurs abging, auch wenn der Grund dafür nicht ihre Müdigkeit war. Sie wollten eigentlich in den Skiurlaub fahren und besuchten das Seminar nur auf ausdrücklichen „Wunsch" ihres Chefs.

Entsprechend gelangweilt verfolgten sie Herrn Kreiners Versuche, sie zur Mitarbeit zu motivieren. Statt dessen testeten sie lieber die auf ihrem PC installierten Computerspiele. Sie waren so vertieft in der Jagd nach einem neuen Highscore, daß sie es gar nicht bemerkten, wie Herr Kreiner plötzlich hinter ihnen stand. Als sie ihn wahrnahmen, versuchten sie blitzartig, das Computerspiel zu schließen und zu Excel zurückzukehren. Doch vor lauter Aufregung fanden sie den Befehl zum Beenden des Spiels nicht, was Kreiner zu folgender Erläuterung zum Anlaß nahm:

„Meine Herren. Vor mir brauchen Sie keine Angst zu haben. Schließlich ist Ihre Kursgebühr bezahlt. Doch falls Ihnen das Gleiche bei Ihrem Chef passiert, empfehle ich Ihnen, die ‚Alt'- und die ‚Tabulator'-Taste gleichzeitig zu drücken. Dann sind Sie im Nu wieder zurück in Excel, ohne daß Ihr Chef irgend etwas mitbekommt. Im Vertrauen: Deshalb heißt diese Tastenkombination auch ‚Cheftaste'."

Von da an verfolgten die beiden den weiteren Kurs mit erheblich gesteigerter Aufmerksamkeit. Wer weiß, vielleicht konnte man noch weitere nützliche Dinge lernen. Diese kleine Geschichte belegt, daß Herr Kreiner es inzwischen verstand, souverän auch mit schwierigen Situationen umzugehen.

Mit Winnis ins Jahr 2000

Es gingen einige Jahre ins Land, und von manchen Kursteilnehmern wurde Herr Kreiner inzwischen als „Excel-Guru" verehrt. Da war es nur konsequent, sich als EDV-Trainer selbständig zu machen. Passend zum Namen seiner eigenen Firma verteilte er jetzt in den Kursen „Winnis" als Belohnung für gute Antworten. Diese kleinen Plüschtierchen, die er eigens anfertigen ließ, erreichten bald Kultstatus.

Herr Kreiner hatte manchmal den Eindruck, daß einige Schüler nicht aus Gründen der Fortbildung seine Kurse besuchten, sondern um möglichst viele „Winnis" mit nach Hause zu nehmen. In den Seminarpausen entwickelte sich regelmäßig ein schwunghafter Handel mit „Winnis". Insbesondere bei den Damen schienen die knuddeligen Gesellen die mütterlichen Instinkte zu wecken, und manche setzten ihren ganzen Charme ein, um einem Herrn seine „Winnis" abzuschwatzen.

Leider fanden sich unter den Kursteilnehmern nicht nur „Winni"- und Kreiner-Fans. Manchmal waren auch unangenehme Zeitgenossen darunter, wie wir schon am Beispiel von Herrn Dr. Schmidt sahen. Ihnen gemeinsam war eine ausgeprägte Profilneurose, die sich darin äußerte, daß sie alles kritisierten, egal ob passend oder nicht, und daß sie sich überhaupt gerne mit Kreiner anlegten. Inzwischen hatte er gelernt, mit solchen Störenfrieden umzugehen, und er sagte sich in einem leichten Anfall von Überheblichkeit:

„Was stört es den Mond, wenn ihn ein Hund anbellt!".

Doch mit ihren ewigen Zwischenfragen und Monologen brachten sie den gesamten Lehrplan durcheinander. Daher hatte sich der Kursleiter für diese Kandidaten eine spezielle Behandlung ausgedacht.

Nachdem ein Teilnehmer besonders besserwisserisch aufgefallen war, setzte sich Herr Kreiner am Abend, als alle den Schulungsraum verlassen haben, an dessen Rechner und installierte dort ein kleines Makro, das er vor einiger Zeit geschrieben hatte. Schon bei der Installation mußte er schmunzeln, wenn er an den nächsten Tag dachte. Sobald ein Störenfried versuchte, sein Arbeitsblatt abzuspeichern, erschien die Abfrage:

„Wollen Sie das aktuelle Arbeitsblatt speichern?"

Soweit noch nichts Ungewöhnliches. Doch klickte der Angesprochene auf „OK", wurde folgende Frage angezeigt:

„Sind Sie sicher, daß Sie speichern wollen?"

Bei erneuter Bestätigung tauchte das nächste Dialogfeld auf:

„Sind Sie sich wirklich ganz sicher, daß Sie nun speichern wollen?"

Dies setzte sich fort mit

„Bitte überlegen Sie noch einmal ganz genau, ob Sie speichern wollen!"

und

„Warten Sie jetzt bitte 5 Minuten, und denken Sie in Ruhe über Ihr Vorhaben nach!"

Nach der zehnten Abfrage war auch der hartgesottenste Anwender der Verzweiflung nahe und wandte sich hilfesuchend an Herrn Kreiner, der mit einem süffisantem Lächeln auf den Lippen sagte:

„Aber, Herr Motzer, Sie haben doch in den vergangenen Stunden Ihr fundiertes Wissen über Excel zur Genüge unter Beweis gestellt. Da darf es für Sie doch kein Problem sein, ein Arbeitsblatt abzuspeichern!"

Bislang hatten noch die meisten den Wink mit dem Zaunpfahl begriffen und sich in den folgenden Stunden mit schlauen Einwendungen zurückgehalten. Bei besonders hartnäckigen Fällen mußte Herr Kreiner allerdings zu seinem stärksten Mittel greifen und die Geschichte vom DAU, dem „Dümmsten Anzunehmenden User", erzählen. Und jeder im Kurs merkte recht schnell, wer damit gemeint war.

Hotline: Hier ist die XXX Hotline. Guten Tag.

DAU: Guten Tag. Mein Name ist Friedrich. Ich habe da ein Problem mit meinem Computer.

Hotline: Welches Problem denn, Herr Friedrich?

DAU: Auf meiner Tastatur fehlt eine Taste!

Hotline: Wie? Welche Taste denn?

DAU: Die Eniki Taste.

Hotline: Was für eine Taste? Wozu brauchen Sie die denn?

DAU: Das Programm braucht diese Taste. Es verlangt, daß ich die Eniki-Taste drücke. Ich habe schon die Strg-, die Alt- und die Großmach-Taste ausprobiert, aber es tut sich nichts.

Hotline: Herr Friedrich, was steht denn bei Ihnen auf dem Monitor?

DAU: Eine Blumenvase.

Hotline: Nein. Ich meine, lesen Sie mal vor, was auf dem Monitor steht.

DAU: Ih Be Emm.

Hotline: Nein, Herr Friedrich, was auf Ihrem Schirm steht, meine ich.

DAU: Der hängt in der Garderobe.

Hotline: HERR FRIEDRICH!!!

DAU: So, ich habe ihn aufgespannt, aber es steht nichts drauf.

Hotline: Herr Friedrich, schauen Sie einmal auf die Glasfläche unter der Blumenvase. Und nun lesen sie einmal vor, was dort geschrieben steht.

DAU: Ach so, Sie meinen...? O, Entschuldigung! Mensch, bin ich blöd.

Hotline: Ach was!

DAU: Also, ich lese mal vor. Da steht ‚PLIESE PRESS ANI KIE TU KONTINIU'.

Hotline: Ach, Sie meinen die Any-Key-Taste. Ihr Computer meldet sich auf Englisch. Drücken sie mal die Enter-Taste !

DAU: Sie meinen die große Taste mit dem Pfeil, wo früher der Wagen meiner Schreibmaschine zurück rummste.

Hotline: Genau die.

DAU: Ja, ja jetzt geht es weiter! Das ist also die Eniki- Taste? Das hätten die aber wirklich draufschreiben können. Wer soll sich das nur immer merken? Mensch, die sparen aber auch, wo sie nur können. Na ja, zum Glück habe ich Sie als Fachmann. Vielen Dank noch mal und auf Wiederhören.

Hotline: Bitte, bitte, keine Ursache...

Herr Kreiner wäre ein schlechter EDV-Trainer, würde er sich für das Jahr 2000 nicht etwas Besonderes einfallen lassen. In seinem Seminar kurz vor Jahreswechsel will er den 31.12.1999 simulieren. Dazu werden am vorletzten Tag des Seminars alle Rechner auf Silvester, 23:55 Uhr, vorgestellt. Nach einem fünfminütigen Countdown können die Kursteilnehmer selbst sehen, was auf ihrem PC passiert, wobei Herr Kreiner dafür sorgen wird, daß etwas passiert. Wessen Rechner am verrücktesten spielt, erhält standesgemäß einen Winni. Für den Abend und als Abschluß des letzten Seminars in diesem Jahrtausend wird ein großes „Silvesterfeuerwerk" veranstaltet, und die drei Teilnehmer mit den meisten „Winnis" erhalten als Geschenk ein kleines Büchlein, das demjenigen, das Sie in der Hand halten, sehr ähnelt...

Fazit

Sie werden sich sicherlich fragen, ob der Weg zum Excel-Guru unbedingt über Indien und Redmond führen muß.

In gewisser Weise schon. Ein richtiger Guru kommt nun einmal aus Indien, und mit Microsoft hat es folgende Bewandtnis. Goethe hat einmal sinngemäß gesagt:

„Wenn du ein Zwerg bist, dann stelle dich auf die Schultern eines Riesen, und du bist größer!"

Die EDV ist leicht zu bedienen, bis du die Tastatur benutzt

Herr Kreiner hat sich schlicht auf die Schultern des Computerriesen Microsoft gestellt, was die Grundlage für seinen Erfolg war. Doch das eigentliche Erfolgsgeheimnis, sagt Herr Kreiner, ist die Beständigkeit des Ziels. Und was natürlich auch nicht fehlen darf, ist die heimliche Liebe zur eigenen Arbeit und zum PC. Herr Kreiner beschreibt dies so:

„Im fortgeschrittenen Alter von 50 Jahren entdecke ich immer noch neue Seiten an meiner heimlichen Liebe. Wenn ich einen Doppelklick auf das Ausfüllkästchen mache, lacht sie. Wenn ich zärtlich die Maus von einer Zelle zur anderen verschiebe und mir dabei ein Fehler unterläuft, macht sie mich freundlich darauf aufmerksam: ‚Soll ich die Zielzelle überschreiben?'. Wenn ich einmal ganz grob bin, dann meldet sie sich mit einer ‚Allgemeinen Schutzverletzung'. Ich kann ihr Aussehen verändern, die Zellen mit harmonischen Farben belegen und das gestylte Ergebnis den neidvollen Blicken meiner Kolleginnen und Kollegen präsentieren! Nicht umsonst sagt meine Frau: ‚Das einzige, worauf ich wirklich eifersüchtig bin, ist Excel!'"

MIS: Vorstandssichere Datenverarbeitung

Sie wissen sicherlich, was Management-Informationssysteme sind. Nein? Anhand einer kleinen Geschichte wollen wir Ihnen erzählen, zu welch gefährlichen Komplikationen die Implementierung eines Management-Informationssystems – kurz MIS – in der Praxis führen kann. Selbstverständlich werden wir die Gründe für diese Entwicklungen eingehend analysieren.

Eine kurze Einführung in die Welt des MIS

„Wissen ist Macht"[1] und „Zu viel Wissen ist nie genug" könnten die Leitsätze für die Einrichtung eines Management-Informationssystems lauten. MIS haben ihre Wurzeln in den USA der 60er Jahre. Wurde bis dahin die Datenverarbeitung nur für Routinearbeiten eingesetzt, um die Sachbearbeiter bei täglichen Arbeiten wie Auftragserfassung, Bestellabwicklung, Finanzbuchhaltung usw. zu unterstützen, erweiterte sich mit dem MIS der Adressatenkreis der EDV. Das MIS sollte fortan die Unternehmensführung in systematisch geplanter Weise bei der Informationssuche und Entscheidungsfindung unterstützen. Ziel des Management-Informationssystems ist die Automatisierung der Massenarbeiten, die systematische Unterstützung der Disposition und die Bereitstellung entscheidungsrelevanter Informationen für die Planung. Um dieses Ziel erreichen zu können, muß ein MIS folgende Anforderungen erfüllen:

- Versorgung der Geschäftsleitung mit Informationen zur Bestimmung der langfristigen Geschäftspolitik,
- Möglichkeiten zur Erfassung, Auswertung und Zuordnung externer Daten,
- Simulation von Entscheidungssituationen,
- Berechnung von Reihen und Korrelationskoeffizienten,
- Durchführung statistischer Analysen.

---

[1] Auf das Gegenargument: „Nichts wissen macht auch nichts" wollen wir hier nicht näher eingehen.

Management Informationssysteme: Big Brother is watching you?

Die Anfänge des MIS waren geprägt von der allgemeinen Wunschvorstellung, mit Hilfe des Computers und entsprechender Software das gesamte Unternehmen quasi vom Schreibtisch aus zu überwachen und zu steuern. Diese Vorstellung erinnert ein wenig an Orwells *„Big Brother is watching you"* und hat sich als genauso utopisch herausgestellt.

Die Ursache für den Mißerfolg war die geringe Benutzerfreundlichkeit: Nur wenige Führungskräfte waren in der Lage, die Anwendung selbst zu bedienen. Böse Zungen behaupten, dieser Zustand hätte sich trotz des enorm verbesserten Bedienkomforts bis heute noch nicht verändert.

Diese leidvolle Erfahrung spiegelt auch der Titel des Kapitels wider: Management-Informationssysteme müssen, wenn sie ihren Zweck erfüllen sollen, vorstandssicher sein. Das heißt, ein durchschnittlich intelligenter Mann mittleren Alters und höheren Einkommens mit beschränkten EDV-Kenntnissen muß genauso wie ein beschränkter Mann höheren Alters und Einkommens mit durchschnittlichen EDV-Kenntnissen in der Lage sein, per Mausklick die für ihn interessanten Zahlen am Bildschirm aufzurufen[1].

Die sich seit den 60er Jahren rasant entwickelnde Computertechnologie hat zu einer wesentlichen Verbesserung der Benutzerfreundlichkeit von Management-Informationssystemen geführt, so daß sie durchaus in vielen Fällen das Prädikat „vorstandssicher" verdienen. Ein weiterer Grund für die wachsende Nachfrage von Unternehmen nach MIS sind die wohlbekannten Schlagwörter „Wettbewerb" und „Globalisierung". Wer schnell auf Marktentwicklungen und Trends reagieren kann, hat einen Wettbewerbsvorteil. Daneben setzt die Entwicklung einer Strategie aber auch taktisches Vorgehen und die eingehende Analyse unternehmensinterner Daten voraus. Beides soll ein MIS leisten, indem es die vorhandenen Daten sammelt, strukturiert, aufbereitet und zusammenfaßt.

---

[1] Aufgrund des (noch) geringen Prozentsatzes weiblicher Führungskräfte mögen die Damen uns verzeihen, wenn wir sie bei dieser Definition des Begriffs „Vorstandssicherheit" nicht berücksichtigt haben

Die zentrale Verwaltung der Daten sichert deren Konsistenz. Abweichende Zahlen, die zu zeitraubenden Diskussionen führen und langwierige Abstimmungsprozesse verursachen, sind ausgeschlossen. Die Auswertung zwar vorhandener, aber bislang nicht analysierter Daten erhöht die Transparenz des Unternehmens und seines ökonomischen Umfeldes. Die Aktualität der Daten und der schnelle Zugriff ermöglichen den Entscheidungsträgern ein rechtzeitiges Reagieren auf sich verändernde Rahmendaten.

Das MIS, das Firmenlogo und die Zugriffsrechte

So weit die Theorie. Doch wie sieht die Erstellung eines MIS in der Praxis aus? Informationen können sehr wichtig und teuer sein – das wissen wir aus Spionagefilmen und von der Telefonauskunft der Telekom. Schon mancher Mord geschah wegen eines Mikrofilms oder einer genialen physikalischen Formel zur Erlangung der Weltherrschaft. Da verwundert es nicht, daß es auch bei der Installation eines MIS zu kriminellen Handlungen kommen kann. Zunächst fängt aber alles ganz harmlos an:

Das Opfer

Der Held unserer Geschichte, Herr Ernst-Dieter Vogt, liebt das ruhige und beschauliche Leben. Er begann vor fast drei Jahrzehnten als Lehrling und hat sich seitdem zum Leiter der EDV-Abteilung eines mittelständischen süddeutschen Unternehmens hochgearbeitet. Seine wichtigste Aufgabe besteht darin, für ein ausreichend großes Budget zu sorgen, um Rechner, Drucker und Programme anzuschaffen. Da Herr Vogt das Glück hat, in einer erfolgreichen Firma zu arbeiten und die Geschäftsführung der EDV gegenüber positiv eingestellt ist, kann er jedes Jahr Hard- und Software anschaffen, die so manchen Kollegen aus weniger florierenden Unternehmen grün vor Neid werden läßt. Weil genug Geld vorhanden ist und da Herr Vogt sein Lebensmotto *„Leben und leben lassen"* auch in seiner Abteilung praktiziert, entlastet er sich und seine Mitarbeiter von komplizierten und zeitaufwendigen Aufgaben, indem er einen ganzen Stab externer Berater beschäftigt.

Das MIS, das Firmenlogo und die Zugriffsrechte

Ernst-Dieter Vogt:
Bauernschlau
und ein bißchen EDV,
urgemütlich und immer heiter –
so wurde er EDV-Leiter.

Die lieben Kollegen haben es bisher nicht geschafft, Herrn Vogt aus seiner behäbigen Art und seiner gesunden Distanz zu übermäßiger Arbeit einen Strick zu drehen – vor der Einführung des MIS jedenfalls. Dazu besitzt er zu viel Erfahrung, die sich außerdem mit einer ordentlichen Portion Bauernschläue gerade gegenüber den Führungskräften paart. Herr Vogt bezeichnet diese gern als „Studierte". Dabei schwingt ein bißchen Neid und Bewunderung mit. Dies wird aber überdeckt von der Gewißheit, daß man die Spielregeln des (Geschäfts-)Lebens nicht an der Universität studieren kann. Herr Vogt dagegen kennt die Firma und die Gepflogenheiten der einzelnen Kollegen und Mitarbeiter recht gut. Das verleiht ihm eine gewisse Gelassenheit gegenüber den Aufregungen des Tagesgeschäfts. Zu diesem gehört auch, jede Entscheidung ausgiebig und in aller Ruhe zu besprechen, so daß Herrn Vogts Führungsstil mit „Management by Besprechung" umschrieben werden könnte. Entweder diskutiert er ausgiebig mit seinen Mitarbeitern (wobei jedes Thema in seine Einzelaspekte zerlegt und dann wieder neu zusammengesetzt wird), oder er befindet sich in Sitzungen der Führungsmannschaft seines Unternehmens. Dort schafft er es regelmäßig, den allzu forschen und innovativen Vorschlägen der „studierten" Kollegen den Wind aus den Segeln zu nehmen. Er verweist dann darauf, daß ein ähnliches Problem schon vor mehr als zehn Jahren mit durchaus konventionellen Mitteln gelöst werden konnte.

Von der äußeren Erscheinung her wird man bei Herrn Vogt weniger auf den Leiter einer EDV-Abteilung tippen als vielmehr auf den Chef der Betriebskantine. Man kann, ohne Herrn Vogt zu nahe zu treten, sagen, daß er ein wenig beleibt oder schlichtweg zu klein für sein Gewicht ist. Die einzige Sportart, die er intensiv betreibt, ist der Sitzungs- und Besprechungsmarathon, der ihn jedoch um kein Gramm schlanker werden läßt. Seine Freizeitgestaltung beschränkt sich auf das Surfen im Internet – schließlich muß man als EDV-Fachmann auf der Höhe der Zeit bleiben.

Dabei sein ist alles: Unsere EDV-Abteilung hat die Goldmedaille im Besprechungsmarathon gewonnen!

Zunächst beginnt alles ganz harmlos...

Wie jedes Jahr unternimmt Herr Vogt eine Reise in die niedersächsische Metropole Hannover, denn it´s CeBIT-time. Dort läuft er in den italienischen Designer-Schuhen, die ihm seine Frau speziell für den Messebesuch gekauft hat, einige Stunden durch die Hallen. Nachdem er eine Menge Messestände besucht hat, hält er in beiden Händen prall gefüllte Plastiktüten mit allerlei sicherlich interessantem Werbematerial. Zudem kann Herr Vogt seiner Firma auf diese Art eindrucksvoll demonstrieren, wie intensiv er sich auf der Messe informiert hat. Ganz außer Atem setzt Herr Vogt sich in ein Restaurant, um bei einer Tasse Kaffee seine malträtierten Füße zu lüften und seine Unterlagen zu sichten. Doch beim Blättern durch die bunten Hochglanzbroschüren findet er nicht das, wonach er eigentlich gesucht hat. Schlimmer noch: Das Angebot an neuen PCs, Programmen und tausend anderen nützlichen Dingen ist so immens, daß er nicht mehr weiß, was er eigentlich will. Irgendwie ist alles sinnvoll und sinnlos zugleich. Es wäre so schön, wenn er der Geschäftsführung von einer sensationellen Neuheit erzählen könnte, die unbedingt angeschafft werden und für die natürlich das EDV-Budget aufgestockt werden müßte...

Also zwängt er sich wieder in seine Schuhe, die ihm jetzt wie Folterwerkzeuge vorkommen, und stürzt sich erneut ins Getümmel.

Und tatsächlich – die trügerische Schicksalsgöttin scheint es gut zu meinen, als sie die Schritte unseres tapferen CeBit-Besuchers zum nächsten Stand lenkt. Hier erlebt er eine Erleuchtung. Fasziniert und mit weit geöffneten Augen starrt er auf den großformatigen Bildschirm und merkt nicht, wie ihm die Plastiktaschen langsam aus den Händen gleiten.

Was Herr Vogt auf dem Bildschirm sieht, ist genau das, was er sich in seinen Träumen während des Büroschlafs immer ausgemalt hat. Hübsche Tabellen mit schwarzen und roten Zahlen, bunte Grafiken, wundervolle Überschriften in allen Größen und Schriftarten, Buttons und Listen, die sich per Mausklick ansteuern lassen, Drop downs und Drill downs...

Auf der CeBit: „Haben Sie ein Management-Informationssystem?" „Sie meinen ein MIS(T) mit Kurven und Zahlen"?

Eine angenehme Stimme holt ihn aus der Erstarrung und bringt ihn langsam wieder in die Realität zurück:

"Sie interessieren sich für unser neues MIS?"

Mühsam löst sich der Blick unseres Helden von dem wunderbaren Bildschirm und fällt auf die Fragestellerin. Natürlich ist sie blond und gutaussehend und trägt ein blaues Kostüm mit Halstuch, und natürlich ist sie BWL-Studentin, die als Messehostess ihr Budget aufbessert.

"Mit unserer neuen OLAP-Datenbank bringen Sie Transparenz und Konsistenz in Ihre Unternehmensdaten!" zirpt der blonde Engel.

„Ich weiß zwar nicht, wer ‚Olaf' ist, aber Transparenz und Konsistenz hören sich gut an," denkt Herr Vogt und nickt zustimmend.

"Wenn Sie weitere Fragen haben, gibt Ihnen unser Herr Breitmaul gerne Auskunft."

Damit reicht die junge Dame unseren Herrn Vogt weiter.

"Mittels unserer innovativen OLAP-Technologie", beginnt Herr Breitmaul in rekordverdächtiger Geschwindigkeit, *"erstellen Sie ein MIS, mit dem Sie die Daten von operativen Systemen zu Analysezwecken extrahieren, aufbereiten und zusammenfassen können. Das MIS hilft Ihnen, Informationen besser zu verstehen, sie auf neue intuitive Art und Weise zu betrachten und so effektivere Geschäftsentscheidungen zu treffen. Der QLS Server 007 vereinfacht die Entwicklung von Datawarehouses und Data Marts unter anderem durch komplexe Verwaltungsfunktionen, hohe Skalierbarkeit und die Integration in die Office- bzw. Back-Office-Produktfamilie. So können bekannte und bereits vorhandene Programme zur Abfrage und Datenanalyse wie zum Beispiel Excel eingesetzt werden."*

Außer dem Word *„Excel"* versteht Herr Vogt beinahe gar nichts. Aber er will sich keine Blöße geben und stellt keine Fragen – schließlich hat er sich als EDV-Leiter eines nicht unbedeutenden Unternehmens vorgestellt. Also bedankt er sich für die Erläuterung und nimmt noch ein wenig Informationsmaterial mit.

Das Schicksal nimmt seinen Lauf

Tief beeindruckt von den schönen Bildschirmtabellen und -grafiken, dem blonden Fräulein und dem kompetenten Herrn Breitmaul sowie mit einem weiteren gewichtigen Packen Informationsmaterial kehrt Herr Vogt in sein Unternehmen zurück. Begeisterung wirkt ansteckend. Darum gelingt es dem EDV-Leiter mühelos, die Geschäftsführung von den Segnungen eines MIS zu überzeugen. Dabei helfen ihm die bekannten Argumente von der Globalisierung, dem zunehmenden Konkurrenzdruck usw. Besonders angetan ist sein Chef jedoch von folgendem Argument:

„Wir können doch als innovatives Unternehmen nicht ins neue Jahrtausend gehen mit einem Planungs- und Informationsinstrumentarium, das noch aus dem alten Jahrhundert stammt!"

Von derart visionären Argumenten lassen sich Chefs gerne beeindrucken. Leider ist die EDV des Herrn Vogt und seiner Mitarbeiter noch nicht Jahr-2000-fähig. Außerdem verfügt niemand über Erfahrungen mit der Implementierung eines Management-Informationssystems. Daher wird ein externer Spezialist namens Fuchs beauftragt, sich der Sache anzunehmen.

Zunächst wünscht sich Herr Vogt lediglich einige Bildschirmmasken, um die Kosten und Erlöse der wichtigsten Produktgruppen abzubilden. Derartiges stellt für Herrn Fuchs keine Herausforderung dar, und tatsächlich hat er nach Monatsfrist einige Masken auf den Bildschirm gezaubert, die mindestens so schön bunt sind wie die Präsentation am Messestand.

Herr Vogt und die Geschäftsführung sind begeistert und beschließen eine Erweiterung des MIS-Projekts – hat sich Herr Vogt doch bei genauerer Betrachtung der Masken an den interessanten Vortrag seines Kollegen aus der Abteilung für Marketing und Öffentlichkeitsarbeit erinnert:

„Für den Erfolg unseres Unternehmens ist eine schlüssige Corporate Identity-Strategie unabdingbar!"

Völlig klar: Im Sinne eines Corporate Design müssen die Masken in den Farben des Unternehmens gestaltet werden, und das Firmenlogo darf auch nicht fehlen. Doch wo soll es plaziert werden? In der rechten oberen Ecke oder doch besser links unten?

Die nachfolgende Diskussion genügt nicht immer den Anforderungen der *Corporate Communication*. Es fallen gelegentlich recht unkollegiale Ausdrücke, besonders dann, wenn es um die Zuständigkeit für das MIS-Projekt geht. Ist die grafische Gestaltung der Bildschirmmasken nun Sache von Herrn Vogt oder die seines Kollegen von der Abteilung für Marketing und Öffentlichkeitsarbeit? Herr Vogt kann sich dank eines geschickten taktischen Vorgehens zwar die Hoheit über die Bildschirmmasken sichern, doch spürt er, daß er sich den Marketing-Leiter zum Feind gemacht hat. Der sah als kreativer Mensch schon immer etwas herablassend auf die EDV-Leute herab, die seiner Meinung nach von der Welt nichts verstehen außer 0 und 1. Und ausgerechnet diese kleinkarierten Biedermänner sollen nun das Maskendesign entwerfen und damit in sein angestammtes Betätigungsfeld eindringen? Das kann er nicht so einfach auf sich sitzen lassen.

Mehrtägige, zum Teil heftige Diskussionen über alle Abteilungen und Hierarchieebenen hinweg legen das gesamte Unternehmen lahm – bis die Geschäftsführung folgenden Entschluß faßt: Das Firmenlogo erscheint von nun an und für alle Ewigkeit in der linken oberen Ecke des Bildschirms.

Die detektivische Spürnase von Herrn Fuchs

Nachdem die wichtigste Frage - die Plazierung des Firmenlogos – geklärt ist, lassen sich die weiteren Problemstellungen viel leichter lösen. Um die Transparenz des Unternehmens zu vergrößern, sollen alle Kosten und Erlöse differenziert nach Kostenstellen und Kostenträgern ausgewiesen werden können. Daß dafür die komplette Datenbank umgestrickt werden muß, nimmt man gerne in Kauf – schließlich soll ja ein MIS von nachhaltigem Nutzen entstehen.

Nach anfänglicher Begeisterung über die ansehnliche Anzahl Tabellen und Grafiken macht sich bei Herrn Vogt das blanke Entsetzen breit. Die Zahlen, die auf dem Bildschirm erscheinen, stimmen nicht mit den Buchungen im Rechnungswesen überein! Herr Fuchs beteuert, daß sein System nur die Zahlen verarbeitet, die er aus dem SAP-Buchhaltungssystem übernimmt.

Nun folgt detektivische Kleinarbeit. Herr Fuchs beginnt seine Spurensuche nach den falschen Buchungen zunächst bei den Kostenträgern, dann bei den Kostenstellen und schließlich bei den Konten. Jedesmal muß er überprüfen, ob er einerseits alle Elemente in seiner Datenbank erfaßt hat; andererseits darf in der Datenbank kein Element zuviel enthalten sein. Schließlich müssen die einzelnen Elemente richtig in Gruppen zusammengefaßt werden. Dabei kann es durchaus vorkommen, daß beispielsweise ein Kostenträger in einem Jahr zur Kostenträgergruppe A zählt, während er im nächsten Jahr unter die Kostenträgergruppe B fällt. Eine derartige „Flexibilität" ist einem Computer bislang nur schwer zu vermitteln.

Schließlich wird Herr Fuchs nach der Addition dutzender Zahlenkolonnen und dem Wälzen einiger Kilo Buchungsunterlagen bei den Konten fündig: Der Kontenplan ist im Laufe der Zeit „organisch gewachsen", was leider zu einigen „Verwucherungen" führte. Kurz, dem Kontenplan mangelt es in manchen Teilen an einer gewissen Logik und Systematik.

Der Computer aber denkt logisch und immer systematisch. So fehlen schnell einige Tausend Mark bei der einen Kontengruppe, während sie bei der anderen unvermutet wieder auftauchen. In solchen Fällen hilft sich der erfahrene MIS-Berater mit dem Anlegen sogenannter „Korrekturkonten" oder „Dummies", die schließlich zu den gewünschten Werten führen. Herr Fuchs freut sich. Seine detektivische Spürnase hat das MIS und damit Herrn Vogt vor Schlimmerem bewahren können. Vorerst noch.

Der Streit um das Firmenlogo. Seit der Einführung von „Führen durch Ziele" arbeiten in unserem Unternehmen alle harmonisch und friedvoll zusammen.

Glasnost?

Nachdem das Vertrauen in die Technik wiederhergestellt ist, kann man sich wichtigeren Dingen zuwenden. Sollen die Beträge in den Tabellen in DM oder in TDM ausgewiesen werden? Diese existentielle Frage wird ihrer Bedeutung entsprechend in mehreren Führungskreissitzungen abteilungsübergreifend diskutiert. Für die DM-Lösung spricht, daß die Daten genauer erfaßt werden können. Die TDM-Lösung hat den Vorteil, daß die Werte schneller zu erfassen sind, da weniger Nullen eingetippt werden müssen. Die salomonische Entscheidung lautet: Ist-Werte sind in DM, Plan-Werte in TDM auszuweisen.

Doch der Konsens trügt. Die ausgiebigen Diskussionen mit den Abteilungs- und Bereichsleitern haben böse Geister geweckt. Es ziehen dunkle Wolken über Herrn Vogt und seinem MIS auf. Den Kollegen nämlich wird langsam klar, daß die mit dem MIS geschaffene Transparenz der Unternehmenszahlen einen äußerst unangenehmen Effekt für sie hat: Der (Miß-)Erfolg ihrer Abteilung oder ihres Bereichs läßt sich ganz einfach per Mausklick am Bildschirm anzeigen. Natürlich gab es die Zahlen schon vorher auf Festplatten, Servern oder in Aktenordnern, doch hat sich niemand die Mühe gemacht, sie gezielt auszuwerten. Nun kann jeder, auf dessen PC das MIS installiert ist, sehen, wie gut oder schlecht die einzelnen Abteilungen arbeiten. Gorbatschow läßt grüßen! Mit MIS wäre Glasnost – die weitgehende Transparenz der Unternehmenszahlen – angesagt. Und einige wichtige Herren fürchten gleich die nächste Konsequenz: Perestroika! – die Umgestaltung des Unternehmens, die auch ihren Stuhl zum Wackeln bringen könnte.

Hätte Herr Vogt sein MIS nur nicht so angepriesen! Jetzt wetzen die lieben Kollegen die Messer und warten nur auf die Gelegenheit, dem MIS, das doch gerade erst flügge geworden ist, die Flügel zu stutzen. Doch ein guter MIS-Berater weiß sich auch in solchen Fällen zu helfen. Durch die Vergabe von Paßwörtern und Zugriffsrechten will Herr Fuchs die Gemüter wieder beruhigen. Jeder Mitarbeiter soll – je nach Abteilung und Hierarchiestufe – nur zu bestimmten Masken Zugang erhalten.

So soll den Kritikern des MIS der Wind aus den Segeln genommen und die Akzeptanz des Systems erhöht werden. Soweit die Wunschvorstellung. Doch Sie ahnen bereits, was sich nun ankündigt. Wenn schon die Positionierung des Firmenlogos zu mehrtägigen Diskussionen führt, welche Auswirkungen hat dann erst die Frage nach den Zugriffsrechten, die schließlich das Prestige- und Geltungsbedürfnis der einzelnen Mitarbeiter empfindlich berührt?

Sachbeschädigung und ein fast geglückter Mord

Und so kommt es, wie es kommen muß. Zunächst streiten sich die Bereichsleiter auf mehreren Sitzungen, ob sie außer den Masken ihres Hoheitsgebiets auch Informationen aus dem Bereich ihres Kollegen ansehen dürfen. Dieser Streit setzt sich kaskadenförmig auf den niedrigeren Hierarchieebenen fort. Nicht wenige Mitarbeiter nutzen die günstige Gelegenheit, um mit ihren Kollegen alte Rechnungen zu begleichen, die sich im Laufe der Zeit angesammelt haben. Die Streitkultur entwickelt sich rasant und erreicht nach drei Wochen derartige Ausmaße, daß es Herrn Vogt ganz angst und bang wird: Was hat er mit seinem MIS angerichtet?

Besonders zwischen den Technikern und den Kaufleuten schlägt die bislang ohnehin unterschwellig vorhandene gegenseitige Geringschätzung in einen offenen Schlagabtausch um. Gelockerte Schrauben an Bürostühlen sollen verdeutlichen, daß sich der Inhaber eines solchen Stuhls seines Postens nicht sicher sein kann. Sinnlose Rechenroutinen blockieren über Stunden das gesamte EDV-Netz des Unternehmens. Manche Mitarbeiter sehen sich anonymen Drohanrufen ausgesetzt. Nachdem Herr Vogt nach Büroschluß die Inschrift „MIS = MIST" in den Lack seines neuen BMW eingeritzt findet, sieht sich die Geschäftsführung zum Handeln gezwungen, um weitere Ausschreitungen zu vermeiden.

Es wird beschlossen, das MIS vorerst nur mit „Spielzahlen" zu füttern und die Entscheidung über die Zugriffsrechte zu einem späteren Zeitpunkt zu treffen.

Außerdem wird ein mehrtägiger Betriebsausflug mit Wildwasserrafting angeordnet, der die Aggressionen abbauen und den Teamgeist stärken soll. Dabei besteht der Geschäftsführer darauf, daß diejenigen, welche sich am meisten in den Haaren liegen, jeweils ein Team bilden müssen. Herrn Vogt ist gar nicht wohl dabei, mit dem Marketing-Leiter in einem schwankenden Boot zu sitzen und mit wahnwitziger Geschwindigkeit einen reißenden Fluß hinabzudonnern. Ja, eine Floßfahrt auf einem ruhigen Kanal mit zünftiger Blasmusik und Weißbier, das könnte er sich unter einem Betriebsausflug vorstellen. Nach ein paar Gläsern Bier würde sich vieles von alleine einrenken. Aber die „Studierten" müssen ja „gruppendynamische Prozesse initiieren."

Die Initiierung soll bereits mit der Busfahrt beginnen, und so wird Herrn Vogt ein Platz neben seinem Kontrahenten zugewiesen. Da auch die anderen Streithähne nebeneinander sitzen müssen, herrscht während der ganzen Fahrt eisiges Schweigen, das der Busfahrer vergeblich mit einer Reihe von Witzen aufzubrechen versucht. Allerdings hätten seine Kalauer auch eine froh gelaunte Reisegruppe nicht gerade zu Heiterkeitsausbrüchen bringen können. Was Herrn Vogt betrifft, kann er dem Busfahrer ohnehin nicht mehr zuhören, seit er entdeckt hat, welches Buch sein Nachbar mit verbissener Konzentration liest: *„Der perfekte Mord – Ungeklärte Kriminalfälle aus zwei Jahrhunderten"*. Ist der Marketing-Leiter ein Krimifan? Oder will er unserem Helden Angst machen und liest gerade eine Art von Gebrauchsanweisung? Auf jeden Fall kann Herr Vogt immer wieder ein diabolisches Grinsen im Gesicht seines Nachbarn erkennen.

Als die illustre Reisegruppe am Ausgangspunkt der Raftingtour angelangt ist, werden die Teams zusammengestellt, einige Anweisungen gegeben und die Schwimmwesten verteilt. Als Herr Vogt die Weste in die Hand bekommt, fühlt er sich bereits wieder besser und schreibt seine Beobachtungen und Überlegungen während der Busfahrt seinen angespannten Nerven zu. Doch als er die Weste anlegen will, muß er entsetzt feststellen, daß er schlichtweg zu korpulent ist, um sie zu schließen. Also trottet er mit offener Schwimmweste zum Boot, in dessen hinterem Teil bereits der Marketing-Leiter sitzt.

„Das beginnt ja prächtig," denkt Herr Vogt, „eine offene Schwimmweste, ein Anhänger des perfekten Mordes im Rücken, und war da nicht schon wieder dieses diabolische Grinsen...?"

Noch ehe er den Gedanken zu Ende führen kann, erhält das Boot einen Schubs, und ab geht es ins Inferno. Herr Vogt sieht nur noch Wasser, hört nur noch das Tosen des Flusses, durch das vereinzelt die Schreie seiner Kollegen dringen und versucht verzweifelt, mit dem Paddel etwas auszurichten. Von Teamarbeit kann keine Rede sein. Jeder fuchtelt panisch herum, so daß das Boot immer wieder in eine gefährliche Schräglage gerät und zu kentern droht. An einer besonders reißenden Stelle kommt es derartig ins Schlingern, daß Herr Vogt sich kaum noch festhalten kann. In diesem Moment spürt er von hinten einen Schlag, der ihn in hohem Bogen ins schäumende Wasser katapultiert. Geistesgegenwärtig hält er noch im Flug seine Schwimmweste fest und versucht, sich mit der anderen Hand über Wasser zu halten. Doch die Strömung treibt ihn unaufhaltsam einer Felsgruppe zu. Herr Vogt hat sich seinem Schicksal schon fast ergeben, als ihn die Hand des Tourenführers aus den Fluten rettet.

Ob der Schlag von hinten tatsächlich ein Mordversuch war und wie viele Mitarbeiter den Ausflug nicht überlebt haben, entzieht sich leider unserer Kenntnis. Was wir aber mit Sicherheit sagen können: Das MIS läuft mittlerweile zur vollen Zufriedenheit der (verbliebenen) Belegschaft.

Auf der Suche nach dem Tatmotiv: Die Datengläubigkeit

Würde man unsere Geschichte einer tiefenpsychologischen Analyse unterziehen, müßte neben Revierabgrenzung und Imponierverhalten auch die Datengläubigkeit als Tatmotiv berücksichtigt werden. „Zahlen sprechen für sich", sagt der Volksmund. Goethe formuliert es eher dichterisch: „Was du Schwarz auf Weiß besitzest, kannst du getrost nach Hause tragen."

„Was du Schwarz auf Weiß besitzest..."

Die angebliche Sicherheit, die Zahlen vermitteln, beeindruckt in vielen Fällen auch und vor allem das Management.

Das zahlenorientierte Führungsverhalten wird als Führung nach dem „Thomas-Prinzip"[1] bezeichnet. Dem Mangel an sozialer Kompetenz steht ein unerschütterlicher Glaube an Zahlen gegenüber. Die Führungsebene orientiert sich bei der Entscheidungsfindung fast nur an Zahlen. Bilanz, Umsatz oder Deckungsbeitrag sind *die* allgemeingültige Orientierungsgrundlage für die Unternehmensführung. Die Ursache mag darin liegen, daß sich die Manager bei Fehlentscheidungen darauf berufen können, diese seien nur auf Grundlage der ihnen vorliegenden Zahlen erfolgt.

Die Kollegen unseres Herrn Vogt wußten genau, warum sie sich so gegen die vom MIS geschaffene Transparenz ihrer Zahlen sträubten. Die Beurteilung von Mitarbeitern erfolgt meist ebenfalls nur auf der Grundlage von nüchternen Daten. Ein gutes Zahlenergebnis bedeutet einen guten Mitarbeiter. „Bringt" er die Zahlen, dann sitzt er auf einem sicheren Stuhl – unabhängig davon, ob er ein angenehmer Kollege oder ein echter „Kotzbrocken" ist. Er hat sich legitimiert, und das unabhängig von seinen Verhaltensweisen. Die Zahlen geben dem Mitarbeiter Sicherheit, auch wenn er das Betriebsklima empfindlich stört.

Je leichter sich die Zahlen abrufen und vergleichen lassen, wie mit Hilfe des Management-Informationssystems, desto lauter hören diejenigen Mitarbeiter, die die gewünschten Zahlen nicht „bringen" (und vielleicht auch gar nicht bringen können, weil sich der Erfolg ihrer Arbeit nicht in „absoluten Zahlen" messen läßt) die Säge an ihrem Stuhl. Ein Beispiel dafür sind der Vertrieb und der Innendienst. Während der Vertrieb seinen Erfolg nachweisen kann, ist der Erfolg des Innendienstes kaum zu quantifizieren. Ebenso niedrig ist die Akzeptanz von Mitarbeitern, deren Abteilung gerade im Umbruch oder im Aufbau ist. Sie werden eher argwöhnisch beäugt.

---

[1] Roland Bickmann, Marcus Schad: Integratives Management. Das Ende des Thomas-Prinzips, C.H. Beck 1995

Symptome eines MIS-Infizierten

Benchmarking – mehr als nur ein Modebegriff!?

Ganz besonderer Aufmerksamkeit beim Management erfreuen sich Zahlen, wenn sie nicht aus dem eigenen Unternehmen, sondern von der Konkurrenz stammen. Was früher schlicht als Betriebsvergleich bezeichnet wurde, erhält heutzutage mit dem Modewort „Benchmarking" höhere Weihen.

Auch ein Blick in die ökonomische Literatur zeigt, daß viele Autoren Benchmarking als lukratives Thema entdeckt haben. In ihren Ausführungen bemühen sie sich sichtlich um die Widerlegung des Eindrucks, beim Benchmarking würde es sich um alten Wein in neuen Schläuchen handeln. So beschreibt man Benchmarking als einen kontinuierlichen und systematischen Prozeß, um die eigenen Produkte, Dienstleistungen und Geschäftsabläufe zu beurteilen und zu verbessern, indem sie mit denen des besten Wettbewerbers verglichen werden[2]. Die Gegenüberstellung soll sich dabei nicht auf einige ausgewählte Kennzahlen wie beim Betriebsvergleich beschränken, sondern alle unternehmerischen Funktionen und Prozesse einbeziehen.

Die ständige Überwachung der eigenen Arbeitsabläufe und der Vergleich mit denen marktführender Betriebe soll der Unternehmensführung Informationen liefern, wie sie Verbesserungen in ihrem Betrieb umsetzen kann.

„Benchmarking verkörpert das Streben nach Bestleistung mit dem Ziel, einen Wettbewerbsvorteil zu gewinnen und zu sichern"[3].

Das hört sich theoretisch ganz gut an, doch wie sollen in der Praxis „alle unternehmerischen Funktionen und Prozesse" verglichen werden, wenn nur unzureichende Informationen darüber vorliegen?

---

2 Vgl. Bichler, K./Gerster, W./Reuter, R.: Logistik-Controlling mit Benchmarking, Wiesbaden 1994, S. 33; Camp, R. C.: Benchmarking, übers. v. A. Steinhoff, München u. a. 1994, S. 13

3 Vgl. Leibfried, K./Mc Nair, C. J.: Benchmarking - Von der Konkurrenz lernen, die Konkurrenz überholen, Freiburg 1992, S. 13

Die Theorie sagt zwar, daß die möglichen Vergleichspartner durchaus zum Austausch von Daten bereit sind, da sie beide voneinander lernen können. Aber warum sollte ein Branchenführer, der als *benchmark* dienen soll, einem zweit- oder drittrangigen Unternehmen Einblick in sein Erfolgsrezept gewähren? So wird sich das Benchmarking in den meisten Fällen doch wieder auf den schnöden Betriebsvergleich reduzieren, ja viel mehr noch auf einen reinen Zahlenvergleich. Die einzigen Daten, die relativ einfach zu beschaffen sind, sind die Zahlen aus den veröffentlichten Jahresabschlüssen der Konkurrenz. Trotz der Rechnungslegungsvorschriften ist auch hier vor einer allzu blinden Zahlengläubigkeit zu warnen. Es darf nicht vergessen werden, daß fast jede Bilanz oder Gewinn- und Verlust-rechnung eine Reihe „kosmetischer Operationen" hinter sich hat (was derartige Eingriffe bewirken können, zeigt beispielsweise Michael Jackson auf eindrucksvolle Weise).[2]

Fazit

Wie Sie gesehen haben, kann das beschauliche Leben eines EDV-Leiters eine dramatische Wendung nehmen. Sollte also in Ihrem Unternehmen die Einführung eines MIS geplant sein, können Sie sich wenigstens rechtzeitig darauf vorbereiten. Sollten Sie für das Projekt verantwortlich sein, empfehlen wir Ihnen die Lektüre von Büchern wie "Allein unter Wölfen" oder "Überleben unter Kannibalen". Versuchen Sie, sich auf alle Fälle vor Betriebsausflügen zu drücken und überprüfen sie regelmäßig vor Fahrtantritt das Bremssystem Ihres Wagens. Sollten Sie dagegen der „Gegenseite" angehören, nutzen Sie Ihre Chance. So schnell werden Sie nicht wieder den lange ersehnten Posten bekommen.

---

[2] Dazu mehr im nächsten Kapitel!

Jahresabschluß – wie nackte Zahlen hübsch bekleidet werden

Die folgende Geschichte handelt von einem zwar verstaubten, aber kreativen Buchhalter, der in seiner Welt der erfundenen Kennzahlen, tückischen Bilanzen und bizarren Diagrammen eine unglückliche Liebe erlebt.

Die drei B´s: Bilanz, Bilanzpolitik und Bilanzanalyse

Die gesetzliche Pflicht zur Erstellung eines Jahresabschlusses kann als Kompromiß zwischen Interessengegensätzen betrachtet werden. Auf Seiten des Unternehmens besteht das Interesse, so wenig Informationen wie möglich nach außen dringen zu lassen.

Gründe dafür sind der Schutz vor Konkurrenz und die Bewahrung der unternehmerischen Autonomie. Die Außenstehenden, also Lieferanten, Gläubiger, Aktionäre usw., haben dagegen Interesse an möglichst umfassenden Informationen über ein Unternehmen, mit dem sie eine langfristige Geschäftsbeziehung eingehen oder dem sie ihr Geld überlassen.

Die Bilanz

Der Jahresabschluß eines Unternehmens besteht aus Bilanz, Gewinn- und Verlustrechnung und Anhang. Die in Deutschland am häufigsten erstellten Bilanzen sind Handels- und Steuerbilanzen. Sie dienen der Information außerhalb des Unternehmens stehender Adressaten. Die Steuerbilanz richtet sich an den Fiskus, die Handelsbilanz insbesondere an Aktionäre und Gläubiger.

Daraus erklärt sich auch die Etymologie des Wortes „Gläubiger": Er muß schlicht glauben, was ihm in der Bilanz zum Lesen vorgelegt wird. Coenenberg (einer der deutschen Päpste der Bilanzlehre) formuliert diesen Umstand betriebswirtschaftlich exakt so:

„*Wegen der oft gegebenen Interessengegensätze zwischen bilanzaufstellendem Organ (Unternehmensleitung) und den externen Adressaten... ist die Unternehmensleitung im allgemeinen bestrebt, den externen Jahresabschluß im Rahmen der gesetzlich belassenen Ermessensspielräume so zu gestalten, daß sich ein mit den eigenen Interessen konformes Verhalten der externen Adressaten ergibt.*

Externe Bilanzen sind in der Regel weniger aussagefähig als interne Bilanzen."

Das heißt, nach Möglichkeit bekommen die Bilanzadressaten nur das zu lesen, was sie nach Ansicht der Unternehmensführung zu lesen bekommen sollen.

Die Bilanzpolitik

Die von Coenenberg beschriebene zweckgerichtete Gestaltung des Jahresabschlusses im Rahmen der handels- und steuerrechtlichen Vorschriften wird als Bilanzpolitik bezeichnet. „Zweckgerichtet" bedeutet, daß mit der Bilanzpolitik bestimmte Ziele verfolgt werden.

Wesentliches Ziel ist zum einen die Beeinflussung der Adressaten des Jahresabschlusses. Beispielsweise soll den Gläubigern der Eindruck hoher Liquidität und Ertragskraft vermittelt werden. Oder die Anteilseigner sollen davon überzeugt werden, daß sich das Unternehmen stetig positiv entwickelt.

Ein weiteres wichtiges Ziel ist die Beeinflussung des Gewinnausweises.

Seine Höhe und sein zeitlicher Anfall bestimmt die zu entrichtenden ertragsabhängigen Steuern – also die Einkommen-, Körperschaft- oder Gewerbeertragsteuer. Die Höhe des Gewinns (genauer: der Gewinnausschüttung an die Anteilseigner) wirkt sich auf die Substanzerhaltung des Unternehmens aus.

Um die gewünschten Ziele zu erreichen, stehen dem Bilanzpolitiker insbesondere folgende Instrumente zur Verfügung:

- Die Steuerung des Erfassungszeitpunkts von Geschäftsvorfällen (vor und nach dem Bilanzstichtag),
- vorgezogene bzw. verzögerte Rechnungsstellung,
- verzögerte Annahme von Warenlieferungen,

- zeitliche Verlagerung erfolgswirtschaftlicher Vorgänge (z. B. Verkauf eines mit hohen stillen Reserven behafteten Grundstücks, Durchführung einer Werbekampagne),
- zeitliche Verlagerung allein bilanziell wirksamer Vorgänge (z. B. Reduzierung von Lagerbeständen am Periodenende),
- Aktivierungs- und Passivierungswahlrechte (z. B. bilanzielle Behandlung geringwertiger Wirtschaftsgüter),
- Bewertungswahlrechte (z. B. Bemessung von Rückstellungen),
- Gliederungswahlrechte (insbesondere unterschiedliche Gestaltung der Gewinn- und Verlustrechnung),
- Zuordnungsspielräume (z. B. Zuordnung von Wertpapieren zum Anlage- oder Umlaufvermögen).

Trotz der Vielfältigkeit der Instrumente sind der Bilanzpolitik Grenzen gesetzt. Im Anhang ist zu erläutern, wie die Werte in der Bilanz und in der Gewinn- und Verlustrechnung zustande kommen.

Die „Verlagerung" des Gewinns in die Zukunft führt nicht zu einer Vermeidung der Steuerlast, da sie in späteren Jahren zu tragen ist. Allerdings stellt diese „Steuerstundung" für das Unternehmen einen kostenlosen Kredit dar. Außerdem tritt ein bilanzpolitisches Dilemma auf.

Stellt ein Unternehmen seine wirtschaftliche Lage zu optimistisch dar, erhöht es seine Attraktivität gegenüber den aktuellen und potentiellen Anteilseignern. Gleichzeitig steigt die Bonität gegenüber Kreditinstituten und Lieferanten.

Auf der anderen Seite führen die höheren Steuern und die Gewinnausschüttung an die Anteilseigner zu einem Abfluß von Liquidität, so daß eine geringere Stärkung der Eigenkapitalbasis möglich ist als im Falle einer Bilanzpolitik, die ein eher pessimistischeres Unternehmensbild zeichnet.

Die Bilanzanalyse

Die Bilanzanalyse versucht nun wieder zu entschleiern, was vorher durch die Bilanzpolitik verschleiert wurde.

Dabei ist der Bilanzanalyst gegenüber dem Bilanzpolitiker naturgemäß im Nachteil, da dieser weiß, an welchen Zahlen er drehen muß, während der Analyst dies nachvollziehen muß.

Schon allein daran ist erkennbar, daß die Bilanzanalyse einen nur beschränkten Erkenntnisgewinn zuläßt. Dennoch werden munter Kennzahlen gebildet, die bestimmte Bilanzpositionen zueinander ins Verhältnis setzen und daraus Aussagen ableiten.

Eine oft errechnete Kennzahl ist beispielsweise der Verschuldungsgrad, der sich aus der Division des Fremdkapitals durch das Eigenkapital ergibt.

Mit steigendem Verschuldungsgrad wächst das unternehmerische Risiko, und die finanzielle Unabhängigkeit nimmt entsprechend ab. Ob ein Verschuldungsgrad als hoch oder niedrig anzusehen ist, hängt nicht zuletzt von der Branche und Größe des untersuchten Unternehmens ab.

Allgemein formuliert soll die Bilanzanalyse auf der Grundlage von Kennzahlen Sachverhalte zahlenmäßig darstellen und in konzentrierter Form über betriebliche Gegebenheiten informieren.

In Zeiten der Informationstechnologie werden zahlreiche Programme zur Bilanzanalyse angeboten. Diese Software unterstützt die Bewertung von Bilanzen, nachdem Auszüge aus Bilanz sowie Gewinn- und Verlustrechnung eingegeben wurden.

Die Auswertung erfolgt auf Knopfdruck und kann auch auf dem Drucker ausgegeben werden und zwar mit Kommentierung der einzelnen Kennzahlen.

Allerdings sollte dieser Automatismus nicht dazu verleiten, den Zahlen blind zu vertrauen. Zwar werden sie in der Regel rechnerisch richtig ermittelt sein, doch empfiehlt sich ein kritisches Hinterfragen nach dem tatsächlichen Aussagegehalt der Kennzahlen.

Der Buchhalter und seine Bilanz – eine Liebesgeschichte

Wenn kleine Jungs gefragt werden, was sie einmal werden wollen, wenn sie groß sind, wird allenfalls einer unter Tausend „Buchhalter" als Traumberuf nennen – und das auch nur deshalb, weil der Vater diesen Beruf ausübt und seinen Sohn zu dieser Aussage animiert hat.

Erstens klingt „Buchhalter" langweilig und zweitens hat man damit bei den Mädchen eher geringe bis gar keine Chancen. Aber auch unter Erwachsenen gilt Buchhaltung als Synonym für humorlose und verstaubte Erbsenzählerei.

Entsprechend stellt man sich einen Buchhalter als einen blassen, introvertierten, gehemmten und streng konservativen Menschen vor.

Der Romeo der Zahlen

Herr Grämlich, Leiter der Buchhaltung in einem mittelständischen Industrieunternehmen in Köln, erfüllt diese Vorstellungen perfekt. Keiner in seiner Firma trägt großkarierte Anzüge mit lederbestückten Ellenbogen, dazu geblümte Hemden und eine Hornbrille (Marke „Kassengestell") so elegant wie er.

Sein Herrschaftsbereich umfaßt die monatliche Berechnung und Abführung aller Steuern und Abgaben; außerdem leitet er die Abteilung Lohnbuchhaltung, in der die Löhne und Gehälter aller Mitarbeiter sowie die Sozialabgaben und die Lohnsteuer berechnet und abgeführt werden müssen. Ebenfalls zu seinem Arbeitsbereich zählt die Herstellung von Umsatz- und sonstigen Statistiken, die für die objektive Betrachtung des Unternehmens von Bedeutung sind.

Als sein Posten zu besetzen war, war in der Stellenanzeige zu lesen, daß ein Mensch mit Zahlengefühl, logischem Denken, Genauigkeit, Organisationstalent und Freude an der Schreibtischarbeit gesucht werde. Er hat die Stelle trotzdem bekommen, wobei man ihm zugute halten muß, daß zumindest sein Zahlengefühl und seine „Seßhaftigkeit" genügend ausgeprägt sind.

*Herr Grämlich, der Buchhaltungsleiter.
Buchhalterischer Fetischismus: Statt Lack und Leder Bilanz und Zahlen.*

Er kann bis weit in die Nacht hinein Buchhaltungsbelege durchforsten, Zahlenkolonnen aufaddieren und die Buchungen seiner Untergebenen überprüfen.

Letzteres macht ihm besonders viel Freude. Mit geradezu detektivischem Gespür findet er fast jede Nacht eine Fehlbuchung. Diese legt er am nächsten Morgen mit stolz geschwellter Brust, hochgezogenen Augenbrauen und süffisantem Lächeln dem jeweiligen Mitarbeiter auf den Schreibtisch.

Daraus läßt sich folgern, daß Herr Grämlich bei seinen Untergebenen nicht gerade beliebt ist. Einige verzweifelte Mitarbeiter waren schon nahe daran, eine Kontaktanzeige für ihren Chef aufzusetzen. Bei Erfolg hätte dies zwei Vorteile gehabt:

Erstens würde er nicht jede Nacht im Büro sitzen und nach Buchungsfehlern suchen. Zweitens könnte er seine schlechte Laune an seiner Frau auslassen. Letzteres brachte insbesondere die Damen in der Abteilung zu dem Entschluß, doch keine Anzeige aufzugeben. Denn ein derartig ungenießbarer Mensch wäre keiner Frau zuzumuten.

Die Liebe zu den Kennzahlen

Daher gilt die ganze Liebe von Herrn Grämlich nach wie vor seinen Zahlen. Besondere Freude bereitet es ihm, mit ihnen zu spielen. Wenn er schon einsam durch die Welt geht, sollen zumindest seine Zahlen Beziehungen haben. So hat er im Laufe der Zeit ein eigenes Kennzahlensystem angelegt, das dem von Du Pont weit überlegen ist – zumindest seiner Meinung nach.

Herrn Grämlich ergeht es wie den meisten Genies: Er wird schlicht verkannt. Die Geschäftsführung interessiert sich nicht für seine Kennzahlen, und die Mitarbeiter der Abteilung verstehen sie nicht. Es ist zugegebenermaßen schwierig, in seine Zahlenwelt einzudringen und sich darin zurechtzufinden. Was soll auch einem Nichteingeweihten die Kennzahl „Mitarbeiterausstoß" sagen?

Noch vor nicht allzu langer Zeit, als er in regelmäßigen Abständen freudestrahlend aus seinem Büro kam und seinen Mitarbeitern eine neue Kennzahlenkreation präsentierte, fragte der eine oder andere noch nach der tieferen Bedeutung. Das nahm Herr Grämlich gern zum Anlaß, in Oberlehrermanier über Sinn und Zweck seiner Schöpfung zu dozieren. Mittlerweile aber antworten die Mitarbeiter auf Herrn Grämlichs Präsentationen nur noch mit stummem Kopfnicken.

Auch bei den Sitzungen mit seinen Abteilungsleiter-Kollegen sind Herrn Grämlichs „Präsentationen" gefürchtet. Nach seiner Ankündigung, in der nächsten Besprechung wieder eine neue Kennzahl mit erheblicher Aussagekraft für die Lage des Unternehmens vorzustellen, sind erstaunlich viele Kollegen wegen wichtiger Termine abwesend. Herrn Grämlich stört das wenig. Schlimmstenfalls würde er seine Kennzahlen auch ohne Publikum vorstellen. Wahre Liebe braucht schließlich keine Öffentlichkeit...

Der einzige Platz auf der Welt, wo Herr Grämlich sich wirklich verstanden fühlt, ist der Buchhalter-Stammtisch. Dort trifft er sich einmal im Monat mit den ehemaligen Mitschülern vom Lehrgang für Bilanzbuchhalter zu einigen Gläschen Kölsch. Zunächst wird das nationale und internationale politische Geschehen eingehend erörtert. Dabei kommt man regelmäßig zu dem Schluß, daß alles immer schlimmer wird und daß früher sowieso alles besser war. Dann wendet sich der Kreis fachlichen Problemen zu. Dabei erweist sich Herr Grämlich als Wortführer und beeindruckt die Kollegen mit seinem Kennzahlensystem so sehr, daß einige, die offensichtlich an Neidkomplexen leiden, unter fadenscheinigen Begründungen den Stammtisch frühzeitig verlassen.

Neulich, nach einem seiner Vorträge, fragte ihn einer seiner hingebungsvollsten Zuhörer, wie er die Kennzahlen denn errechnen würde.

„Mit der Rechenmaschine, natürlich."

„Hmmm... Warum verwendest Du keinen Computer, der dir die Arbeit abnimmt? Es gibt doch Programme, mit denen du deine Kennzahlen bequem und zeitsparend berechnen kannst, zum Beispiel Excel."

„Excel...? Was ist das?"

Der Buchhalter und seine Bilanz – eine Liebesgeschichte

Der Buchhalterstammtisch. „Seit ich mit Excel arbeite, löse ich Probleme, die ich vorher gar nicht hatte."

„Excel ist ein Tabellenkalkulationsprogramm. Damit erstelle ich meine gesamte Bilanz – und sie geht jedesmal auf den Pfennig auf!"

Die schwierige Beziehung zum Computer

Am nächsten Morgen führt Herrn Grämlichs erster Weg schnurstracks in die EDV-Abteilung, um nach dem ominösen Programm zu fragen. Er erfährt, daß es tatsächlich vorhanden ist und daß andere Mitarbeiter schon seit Jahren damit arbeiten.

Mit Handbuch und Installations-CD kehrt er in sein Büro zurück. Ihm fällt nicht auf, wie die EDV-Mitarbeiter fassungslos den Kopf schütteln: „Leiter der Buchhaltung und keine Ahnung von Excel!"

Mehrere Stunden lang versucht er, das Programm zu installieren, streng nach Handbuch, bis er schließlich die Kollegen von der EDV-Abteilung um Hilfe bittet. Diese stellen sehr schnell fest, daß Herrn Grämlichs Rechner soft- und hardwaremäßig etwa seit fünf Jahren veraltet ist – museumsreif.

„Sie arbeiten wohl nicht sehr viel mit Ihrem PC, Herr Grämlich?"

„Offen gestanden: nein! Mit der Rechenmaschine bin ich einfach schneller. Das kann ich Ihnen gerne zeigen. Nehmen wir folgende Kennzahl..."

„Schon in Ordnung... Wir bestellen einen neuen Rechner und installieren auch gleich das Betriebssystem und alle Standardprogramme. Es wird allerdings einige Tage dauern."

Eine Woche später hat er seinen neuen PC. Auf dem Schreibtisch liegt das Handbuch, das er – korrekt wie immer – Satz für Satz abarbeitet.

Im Teil A „Einfache Aufgaben mit Excel lösen" erfährt er, wie der Bildschirm aufgebaut ist, wie er Excel starten und schließen kann, wie ein Tabellenblatt aussieht und wie er Texte und Werte eingeben, bearbeiten und löschen kann. Die ersten Lektionen gehen ihm leicht von der Hand. Er wundert sich selbst, wie begabt er im Umgang mit dem Computer ist.

Nach diesem Intensivkurs in Sachen Tabellenkalkulation mit dem PC fühlt sich Herr Grämlich gewappnet, sein Kennzahlensystem nun EDV-technisch aufzurüsten. Da er sich nicht gleich an die komplizierteren Kennzahlen heranwagt, berechnet er zunächst die Eigenkapitalquote, also:

- In die eine Zelle die Höhe des Eigenkapitals eingeben, in die andere Zelle die Höhe des Gesamtkapitals.
- Dann die Formel: Zelle 1 geteilt durch Zelle 2.

Aus unerfindlichen Gründen verweigert das Programm die Berechnung dieser einfachen Aufgabe. Herr Grämlich greift zum Telefonhörer, um sich bei der EDV über die fehlerhafte Installation zu beschweren.

Als wenige Minuten später ein Mitarbeiter in sein Büro kommt, um den vermeintlichen Fehler zu beheben, stellt er fest, daß Herr Grämlich in der Formel das „="-Zeichen vergessen hatte. Nach einem erneuten Anlauf liefert das Programm tatsächlich ein Ergebnis: 0,24874756. Doch das kommt dem Leiter der Buchhaltung nicht ganz geheuer vor.

Ein Blick in die Unterlagen bestätigt seine Vermutung: Die Eigen- und die Gesamtkapitalhöhe stimmen zwar, aber die Eigenkapitalquote seines Unternehmens beträgt 25 Prozent und niemals eine derartig krumme Zahl! Kopfschüttelnd zeigt er den Ausdruck der Berechnung einem seiner Mitarbeiter.

„Herr Müller. Unsere Eigenkapitalquote beträgt, wie Sie wissen, 25 Prozent. Jetzt sehen Sie sich ´mal an, was der Computer statt dessen ausgerechnet hat!"

Müller wirft einen kurzen Blick auf das Blatt, dann einen längeren auf Herrn Grämlich, steht wortlos auf und setzt sich an Herrn Grämlichs PC. Nach einigen Mausklicks steht auf dem Bildschirm „25%".

„Wie haben Sie das denn gemacht?!"

„Ich habe als Zahlenformat Prozent ohne Nachkommastelle gewählt. Denn 0,24874756 entspricht nun mal 25 Prozent, Herr Grämlich."

Herr Grämlich hat dazugelernt.

Die neue Liebe zu den Formeln

Vielleicht hätte unser Held nicht nur den Teil A des Handbuchs durcharbeiten sollen. Also begibt er sich wieder an seinen PC und fährt mit dem Teil B „Rechnen mit Excel" fort. In dem findet er die Sache mit der Formel und dem „="-Zeichen, und da steht auch einiges über das Formatieren von Zahlen.

Jetzt will er sich und all denen, die nicht an seine technischen Fähigkeiten glauben, beweisen, daß er innerhalb von kürzester Zeit das Programm voll im Griff hat.

Von Ehrgeiz beflügelt lernt er, daß Punkt- vor Strichrechnung geht. Besonders gut gefallen ihm die Beispiele im Handbuch, die aus dem richtigen Leben gegriffen sind:

„Wenn Sie beispielsweise in einem Gasthaus drei Gläser Bier zu DM 3,75 getrunken und dazu eine Bratwurst zu DM 8,50 gegessen haben, ergibt sich folgende Excelformel: =3*3,75+8,50. Dabei wird zuerst 3*3,75 ausgerechnet und diesem Teilergebnis anschließend 8,50 zugeschlagen."

Herr Grämlich denkt sofort an seinen Buchhalterstammtisch. Dort wird er der staunenden Runde zeigen, wie er mit Excel die Rechnung für den Stammtisch erstellen kann. Leider sind nicht alle Lektionen so leicht nachvollziehbar. Beim Abschnitt „Verwenden von Bezügen mit Logik" gerät er ins Stocken – intuitiv weiß er, daß Logik nicht gerade zu seinen Stärken zählt. Daß ein Bezug durch die Schnittfläche einer Spalte mit einer Zeile gebildet wird und sich aus der Bezeichnung des entsprechenden Spalten- und Zeilenkopfes zusammensetzt, bereitet ihm einiges Kopfzerbrechen.

Nach einer Weile schießt ihm ein Geistesblitz durch den Kopf: Eine Zelle, die in der „C"-Spalte und der „4"-Zeile steht, hat den Bezug „C4". Nun scheint keine Aufgabe für Herrn Grämlich unlösbar. Nur der Blick auf die Uhr (sie zeigt schon weit nach Mitternacht), hält ihn von weiteren Expeditionen ins Reich der Tabellenkalkulation ab.

Erste Schatten über dem jungen Glück

Irgendwie muß die Geschäftsleitung von Herrn Grämlichs nächtlichen Abenteuern erfahren haben. So bittet sie ihn zu einem Gespräch über die künftigen Aufgaben seiner Abteilung.

„Herr Grämlich. Wir haben mit Wohlwollen festgestellt, daß sie sich intensiv auf dem Gebiet der Tabellenkalkulation weiterbilden."

Dem Angesprochenen kommt es vor, als wäre da ein leicht ironischer Unterton in der Stimme des Geschäftsführers. Doch der fährt bereits fort:

„Das trifft sich sehr gut. Wie Sie wissen, steht das Jahr 2000 vor der Tür, und wir treten in ein neues Zeitalter der Kommunikations- und Informationstechnologie ein. Daher haben wir vor, das Planungsinstrumentarium unseres Unternehmens wesentlich zu verbessern, um unsere Zukunft im zunehmend stärker werdenden globalen Wettbewerb sichern zu können.

Wir stellen uns vor, daß in Zukunft für unsere Plan-Bilanz und Plan-Gewinn- und Verlustrechnung Simulationen gefahren werden können. Und da Sie mit Bilanzen gewissermaßen auf Du sind – wenn ich das so sagen darf – und Sie sich jetzt auch noch zum Excel-Spezialisten weitergebildet haben, sind Sie der geeignete Mann für diese Aufgabe. Programmieren Sie doch bitte eine Plan-Bilanz und eine Plan-Gewinn-und-Verlustrechnung so, daß man in Abhängigkeit von der Ausprägung der Eingabewerte die Auswirkung auf die wichtigsten Kennzahlen simulieren kann."

Grämlich starrt den Geschäftsführer an. Er weiß nicht recht, ob er sich freuen oder fürchten soll. Einerseits sieht er die neue Aufgabe als Anerkennung seines Engagements, andererseits weiß er nicht, was man von ihm will und ob er der Aufgabe gewachsen ist. Und er wird das Gefühl nicht los, auf den Arm genommen zu werden. Der Geschäftsführer scheint das zu ahnen und teilt Herrn Grämlich mit, daß er die genaue Aufgabenstellung in den nächsten Tagen schriftlich erhalten werde. Falls er dann noch Fragen habe, könne er sich ruhig persönlich an ihn wenden.

Drag & Drop

Zukunftsweisende Technologie von Microsoft: Drag und Drop. Der Abwärtstrend geht beständig weiter.

Die Geliebte erhält bunte Kleider

Mit gemischten Gefühlen kehrt unser Buchhaltungsleiter an seinen Arbeitsplatz zurück. Zunächst will er die schriftliche Formulierung der Aufgabe abwarten. Vielleicht verläuft sich ja auch alles im Sande. Es wäre nicht das erste Mal. Jedenfalls ist nun die Zeit gekommen, sich im Handbuch den Teil C „Der Weg zur Professionalität" vorzunehmen. In dem geht es um das Arbeiten mit Funktionen.

Den Umgang mit der Summenfunktion erledigt Herr Grämlich sozusagen im Vorbeigehen. Die finanzmathematischen Funktionen erscheinen ihm etwas verwirrend, so daß er diesen Abschnitt geflissentlich überblättert. Viel interessanter ist die Erstellung von Diagrammen. Wäre es nicht schön, wenn er seine Kennzahlen in ein buntes Kleid hüllen könnte?

Er ist selbst überrascht von diesem romantischen Anflug. Doch es fasziniert ihn, auf wie viele unterschiedliche Arten man Daten darstellen kann. Es gibt Säulen-, Balken- und Liniendiagramme, Kreise, Torten und Ringe, Blasen-, Netz- und Flächendiagramme. Und jedes Diagramm kann in den prächtigsten Farben dargestellt werden. Unser Buchhaltungsleiter vergißt Zeit und Raum und merkt gar nicht, wie er – mit einem wunderschönen Säulendiagramm vor sich auf dem Bildschirm – langsam einschlummert.

In seinem Traum wandelt er durch einen riesigen Park mit farbigen Säulen, Kreisen und Ringen. Jede seiner Kennzahlen grüßt ihn mit einem freundlichen Nicken. Eine Schar bunter Zahlen eilt herbei und huldigt ihm: Hoch lebe unser König der Zahlen! Die drei Herren der Geschäftsführung erscheinen, um ihm wertvolle Geschenke zu überbringen: eine güldene Rechenmaschine, einen Kontenrahmen aus Pergament, mit goldenen Lettern geschrieben und – frisch aus den Microsoft-Labors – die neueste Betaversion von Excel.

Herr Grämlich träumt

Eine Hand rüttelt zart an seiner Schulter

„Herr Grämlich! Herr Grämlich, aufwachen!"

Noch berauscht von dem wunderbaren Traum blickt er in das Gesicht der Putzfrau. Sein Nacken und die rechte Wange, mit der er auf der Tastatur lag, schmerzen fürchterlich. Die Bildschirmuhr zeigt 6 Uhr 11 und der Seitenzähler 21.538 Seiten „Öööööööööö." Er muß wohl mit der Nase auf dieser Taste gelegen sein.

Verkatert und unrasiert erhebt er sich von seinem Bürostuhl und beschließt, nach Hause zu gehen. Als er nach 9 Uhr zurückkehrt, findet er das Schreiben der Geschäftsführung, in dem die neuen Aufgaben genau beschrieben werden, auf dem Schreibtisch. „Nun wird es also ernst," denkt er und macht sich mit neuem Schwung ans Werk.

Mit Excel auf Du und Du

Aus seinem Textverarbeitungsprogramm, mit dem er bisher die Bilanz und die Gewinn- und Verlustrechnung erstellt hatte, druckt Grämlich die einzelnen Positionen aus. Dann öffnet er in der Tabellenkalkulation eine neue Mappe und trägt dort die Positionen Zeile für Zeile ein.

Nach einer Weile kommt er auf den Gedanken, daß dies eine Aufgabe ist, die seiner Stellung und Qualifikation in keinster Weise entspricht. Schließlich ist er Leiter der Buchhaltung. Also begibt er sich mit dem Ausdruck zu Müller, der unseren Buchhaltungsleiter bei der Berechnung der Eigenkapitalquote so süffisant behandelt hatte. „Dieser Idiotenjob wird ihm ganz gut tun und ihn wieder auf den Boden der Tatsachen zurückholen," denkt Herr Grämlich und wendet sich seinem Opfer zu.

„Ich habe hier die Bilanz- und GuV-Positionen aus Word. Geben Sie die bitte für mich in Excel ein. Ich bin zur Zeit mit wichtigeren Dingen beschäftigt."

Herr Grämlich erwartet ein Murren oder gar ein „Nein". Doch Müller kann das Lachen kaum zurückhalten.

„Aber Herr Grämlich," antwortet er im fast mitleidigen Tonfall. „Warum kopieren Sie die Positionen denn nicht einfach von Word nach Excel?"

„Geht das denn – zwei unterschiedliche Programme einfach miteinander zu verbinden?" fragt Herr Grämlich ein wenig fassungslos.

Herrn Müllers Antwort geht im Gelächter der gesamten Buchhaltungsabteilung unter, die den Dialog natürlich mit besonderem Interesse verfolgt hat.

Unser Held versucht eine klägliche Entschuldigung, daß das nicht im Handbuch stehe. Doch damit scheint er die Heiterkeit seiner Mitarbeiter nur noch zu vergrößern.

Mit der Geste einer beleidigten Diva verläßt Herr Grämlich die Stätte seiner neuerlichen Niederlage. Die Idee mit dem Kopieren ist allerdings wirklich nicht schlecht. Ruck-zuck erstellt er die Positionen der Bilanz sowie der Gewinn- und Verlustrechnung – und wundert sich, wie leicht sich am Computer völlig unterschiedliche Dinge verbinden lassen.

Der Taschenrechner als Nebenbuhler

Nun gilt es, die Tabellen mit Leben zu füllen. Herr Grämlich macht sich daran, Formeln in die Zellen einzugeben. Da er sich selbst und dem Programm noch nicht ganz über den Weg traut, überprüft er jede Formel mit der Rechenmaschine. Auf diese Weise gehen einige Tage ins Land, doch dann hat Herr Grämlich allen Grund, stolz zu sein. Die beiden Zahlenwerke stehen:

Die Eingabe von Planwerten ist möglich. Außerdem wird eine mehrseitige Liste von Kennzahlen ausgegeben, die größtenteils seiner eigenen Kreation entspringen. Daß die Kennzahlen – abgesehen von ihrem betriebswirtschaftlichen Aussagegehalt – zumindest rechnerisch stimmen, hat die mehrmalige Überprüfung mit der Rechenmaschine gezeigt. Voller Begeisterung betrachtet Herr Grämlich sein Werk.

Doch dann fällt ihm auf, daß es ohne Formatierung und Farbe ein bißchen blaß wirkt. Wozu gibt es im Programm die phantastischen Möglichkeiten, Diagramme zu erstellen?

Der Buchhalter und seine Bilanz – eine Liebesgeschichte

*Irren ist menschlich. Aber noch menschlicher ist es,
dem Computer die Schuld zu geben.*

Also verwendet er für jede Kennzahl ein eigenes Diagramm und spart auch nicht an Farbe. Er stellt das eine Diagramm in zwei-, das andere in dreidimensionaler Sicht dar, gibt dort eine kleine Beschriftung hinzu, beim anderen eine schöne Legende. Kurz, er macht seine Bilanz hübsch für den gemeinsamen Auftritt vor der Geschäftsleitung.

Undank ist der Welt Lohn

Mit einem dicken Ordner voll farbiger Ausdrucke schreitet Herr Grämlich zu den hohen Herren, um dort seine Schaffenskraft zu präsentieren und das ihm gebührende Lob abzuholen. Der Geschäftsführer blättert den Ordner durch und meint: *„Sehr schön..."*

Herr Grämlich nickt und will schon in aller Bescheidenheit darauf hinweisen, daß er mit seinem Werk selbst ganz zufrieden sei, als der Geschäftsführer fortfährt:

„...Sehr schön bunt. Aber ich wollte eigentlich kein Bilderbuch, sondern ein Planungsinstrument. Einige wenige Kennzahlen würden mir schon genügen, beispielsweise Cash Flow, ROI und Verschuldungsgrad. Die anderen Kennzahlen habe ich, ehrlich gesagt, noch nie gesehen und brauche sie auch nicht. Dafür sollten Sie noch Tabellen erstellen, in die Abteilungs- und Bereichsleiter ihre Planungen eingeben können. Diese werden dann in Summe in die Plan-Bilanz und Plan-Gewinn-und-Verlustrechnung einfließen. Schaffen Sie das bis nächsten Mittwoch?"

Herr Grämlich hört diese Frage wie von fern und nickt mehr automatisch als bewußt. Wie kann man sich so niederträchtig über diese schöne Bilanz und die herrlichen Kennzahlen äußern? *„Bilderbuch..."* Das ist zu viel für ihn! Mechanisch erhebt er sich von seinem Platz und schleicht zur Tür hinaus.

Er schließt sich in seinem Büro ein und ist den Tränen nahe. Grämlich versteht die Welt nicht mehr. Auch weiß er nicht, was es mit diesem „Käschfloh" auf sich haben soll. Und wer, bitte, soll „Roy" sein? – Sind seine Kennzahlen denn nicht viel schöner?

Nach einigen jammervollen Stunden macht er sich schweren Herzens an die Arbeit. Die Tabellen für die Abteilungs- und Bereichsleiter sind schnell angefertigt. Doch die Verknüpfung der einzelnen Arbeitsblätter zur Bilanz und Gewinn-und-Verlustrechnung treibt ihn zur Verzweiflung. Entweder macht er einen Fehler bei der Verknüpfung der Blätter, oder er vertippt sich bei der Überprüfung der Summen auf seiner Rechenmaschine. Jedenfalls dreht er sich ständig im Kreis und kommt zu keinem vernünftigen Ergebnis. Er beschließt, eine Pause einzulegen und in Erfahrung zu bringen, was denn nun „Käschfloh" und „Roy" bedeuten.

Müssen Liebesgeschichten immer tragisch enden?

Herr Grämlich schlägt in seiner Bibel „Kennzahlen für den praktischen Betriebswirt" nach, findet aber weder unter *K* noch unter *R* die gewünschte Zahl. Langsam kommt ihm der Verdacht, daß es diese Kennzahlen gar nicht gibt. Die Geschäftsleitung will ihn fertigmachen! Dahinter stecken die Kollegen aus der eigenen und aus der EDV-Abteilung – „Mobbing am Arbeitsplatz" nennt man das. Nun hat es also ihn getroffen. Er spürt eine innere Leere in sich. Alles scheint ihm sinnlos geworden. Sein Engagement, die durchgearbeiteten Nächte – alles umsonst. Statt Lob und Anerkennung erntet er nur Hohn und Spott. Er denkt an ein Theaterstück, das er mit dem Bilanzbuchhalterstammtisch einmal besucht hatte – wie hieß es noch gleich: „Tristan und Isolde" oder „Romeo und Julia" oder... ist ja auch egal. Dort haben die Liebenden einfach Schluß gemacht mit ihrem Leben. Genau das will er auch, er mit seinen Zahlen. Er erinnert sich an den Spitznamen, den ihm seine Mitschüler gegeben hatten: „Schlaftablette". Ja, das scheint sein Leben zu sein, und damit will er es auch beenden. Seine geliebten Zahlen sollen sein Schicksal teilen. Und zwar hier und jetzt.

...

„Na Herr Grämlich, geht es Ihnen besser?"

Als er mühsam die Augen öffnet, findet er sich in einem weißem Zimmer wieder. An seinem Bett steht eine Krankenschwester und dahinter, er traut seinen Augen kaum, der Geschäftsführer.

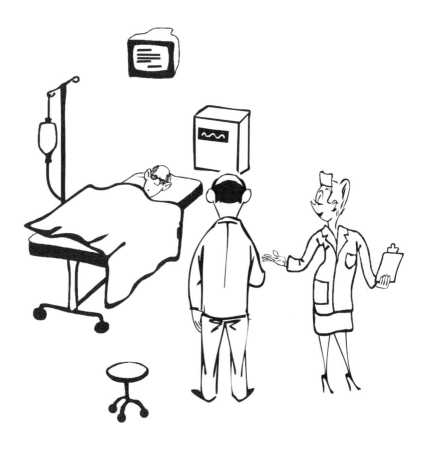

Im Krankenhaus

„Guten Tag, Herr Grämlich. Wir haben uns Sorgen um Sie gemacht. Glücklicherweise waren Sie bei den Schlaftabletten so sparsam, wie es sich für einen guten Buchhalter gehört. Ach ja, die Festplatte, die Sie formatiert haben, hat Herr Müller übrigens wiederhergestellt. Da wir Sie die letzte Zeit offensichtlich etwas überfordert haben, wird Herr Müller fortan ihren Posten übernehmen. Für Sie haben wir einen ruhigen Job in der EDV-Abteilung gefunden. Sie werden für das ganze Unternehmen Ansprechpartner, falls jemand Probleme mit dem Tabellenkalkulationsprogramm hat. Werden Sie schnell wieder gesund – wir zählen auf Sie!"

Herr Grämlich schließt die Augen und hofft, daß alles nur ein böser Traum ist.

Fazit

Müssen alle Liebesgeschichten tragisch enden? Nein, wir wollen Ihrem Hang zu Harmonie nicht im Wege stehen. Geben Sie der Geschichte ruhig ein Happy-End. Sollten Sie allerdings selbst mit einem Herrn Grämlich zusammenarbeiten müssen, werden Sie ihm sein Schicksal vielleicht sogar ein bißchen gönnen. Auf alle Fälle zeigt sich, daß das Arbeiten mit Excel alles andere als trocken, rational und langweilig sein muß. Also blicken Sie nicht nur kurz durchs Window, sondern treten Sie ein in die faszinierende Welt der Zellen, Zahlen und Diagramme – und sie werden Ihre blauen Wunder erleben (Wenn Sie wollen, können Sie Ihre Wunder aber auch grün oder lila formatieren!).

Projektmanagement: In Erwartung des Unerwarteten

Die Erfahrungen der letzten Jahrzehnte aus Wirtschaft und Verwaltung zeigen, daß sich das Projektmanagement neben der klassischen Linienorganisation als Organisationsform bewährt hat. Die Zielsetzung des Projektmanagements besteht darin, ein Projekt hinsichtlich Qualität, Dauer und Kosten effektiv abzuwickeln.

Projektmanagement – was ist das?

Ein Projekt ist ein Vorhaben, das durch folgende Merkmale gekennzeichnet ist:

- Einmaligkeit der Bedingungen in ihrer Gesamtheit,
- Zielvorgabe,
- zeitliche Begrenzung,
- Begrenzung finanzieller, personeller und anderer Art,
- Abgrenzung gegenüber anderen Vorhaben,
- projektspezifische Organisation.

Projektdefinition

Am Anfang eines Projekts steht eine Idee, ein Sachzwang oder ein Problem, das es zu lösen gilt. Der **erste Schritt** besteht aus dem Vorschlag verschiedener Projektideen und dem Beschluß, welche der Ideen weiterverfolgt werden soll. In einem **zweiten Schritt** wird die Projektidee in einem Gespräch am „runden Tisch" vorgestellt und mit den Teilnehmern diskutiert. Vertreten sind dabei alle Bereiche eines Unternehmens, die fachlich direkt oder indirekt vom Projekt betroffen sein werden. Deren Anforderungen ermöglichen eine exaktere Definition des Projektes. Im **dritten Schritt** erfolgt die Grobplanung der durchzuführenden Arbeiten und des damit verbundenen Aufwandes. Die Grobplanung wird im **vierten Schritt** den Entscheidungsträgern im Unternehmen vorgelegt. Diese beschließen, ob ein Projektauftrag erteilt oder ob das Projekt nicht weiterverfolgt werden soll. Die Erteilung des Projektauftrages stellt den **fünften Schritt** dar. Dabei werden die Mitarbeiter, die am Projekt mitwirken sollen sowie die einzuhaltenden Termine benannt.

Projektplanung

Der **sechste Schritt** besteht darin, den Projektmitgliedern den Projektauftrag vorzustellen, Zuständigkeiten und Organisatorisches zu erläutern und das Projektteam in die anstehende Feinplanung einzubinden. Diese wird im **siebten Schritt** durchgeführt. Die Feinplanung umfaßt

- den Projektstrukturplan,
- den Projektablaufplan,
- den Projektterminplan,
- sowie Szenarienpläne.

Projektrealisierung

Im achten Schritt werden alle in der Feinplanung vorgegebenen Arbeiten ausgeführt. Parallel dazu läuft das Projektcontrolling als neunter Schritt. Beim Controlling wird der jeweilige Stand der Arbeiten ausgewertet und erforderliche Maßnahmen zur Projektsteuerung eingeleitet.

Projektabschluß

Im letzten Schritt wird ein Abschlußbericht des Projekts erstellt und den Entscheidungsträgern vorgelegt. Das Projekt ist abgeschlossen, wenn es vom Auftraggeber abgenommen wird.

Da jedes Projekt durch seine Einmaligkeit gekennzeichnet ist, besteht eine besondere Schwierigkeit der Projektplanung darin, eine in ihrem tatsächlichem Umfang noch wenig bekannte Aufgabe nach Dauer und Kosten abzuschätzen. In Abhängigkeit von Vorgehensweise und erreichbarer Schätzgenauigkeit werden folgende grundsätzliche Schätzmethoden unterschieden:

- Bei **intuitiven Methoden** (Grobschätzung) erfolgt die Schätzung auf der Grundlage grober Richtwerte und der Erfahrung von Fachleuten.

- Bei **parametrischen Methoden** (Top-Down-Schätzung) wird der Gesamtaufwand für ein Projekt mit Hilfe mathematischer Algorithmen geschätzt und dann auf die Arbeitsphasen und -pakete des Projekts verteilt.

- Bei der **detaillierten Projektkalkulation** (Bottom-Up-Schätzung) wird für jedes Arbeitspaket eines Projekts der Aufwand getrennt ermittelt. Der Gesamtprojektaufwand ergibt sich als Summe dieser Einzelaufwände.

Die geeignete Schätzmethode ist im Zweifelsfall diejenige, die Kosten und Zeitaufwand so prognostiziert, daß das Projekt von den Entscheidungsträgern „abgenickt" wird. Zwar besteht die Gefahr, daß den ursprünglichen Zahlen auf Dauer niemand mehr Glauben schenkt. Doch die Hoffnung, daß ein einmal gestartetes Projekt nicht so schnell eingestellt wird, selbst wenn der „geplante" Aufwand um ein Vielfaches überschritten wird, erweist sich immer wieder als berechtigt.

Wird dagegen eine realistische Zeit- und Kostenschätzung angestrebt, empfiehlt sich in jedem Fall die Berücksichtigung eines „Streithansel-Zuschlags": Ein Streithansel ist ein Mitarbeiter, der vom Projekt direkt, indirekt oder auch überhaupt nicht betroffen ist. In jedem Fall basiert seine Arbeitsphilosophie auf den Leitsätzen:

„Das geht nicht!"

„Das haben wir noch nie so gemacht!"

„Da könnte ja jeder kommen!"

Er betrachtet sich als Widerstandskämpfer gegen alles Sinnlose, Teure und Neue und nimmt insbesondere EDV-Projekte gerne ins Visier – manchmal nicht zu unrecht. Von Natur aus ist er eben eher ein Einzelgänger, rottet sich aber auch mit Gleichgesinnten zusammen, um ein ungeliebtes Projekt zum Scheitern zu bringen oder zumindest zu verzögern. Er tritt um so energischer auf, je höher er in der Unternehmenshierarchie steht.

Auf der Grundlage dieser Erkenntnisse läßt sich ein „Streithanselzuschlag" ermitteln, mit dem die eigentliche Zeit- und Kostenschätzung in Abhängigkeit von der Anzahl der Streithansel in einem Unternehmen erhöht wird. Nach Hierarchieebene geordnet ergibt sich folgende Faustformel:

- pro Streithansel auf Sachbearbeiterebene ein Tag Verzögerung,
- pro Streithansel auf Abteilungsleiterebene eine Woche Verzögerung,
- pro Streithansel auf Bereichsleiterebene ein Monat Verzögerung.

Das einzige Problem für einen firmenfremden Projektmanager besteht darin, die Streithansel schon zu Projektbeginn zu ermitteln. Der erfahrene Projektmanager stellt dazu sein Auto auf dem markierten Parkplatz zumindest der Bereichsleiter ab und wartet ab, was passiert...

Projekt Jahrtausendfeier

Um Ihnen zu zeigen, wie ein Projekt auch ablaufen kann, müssen wir Sie in die Höhle des Löwen entführen, genauer gesagt, in die Luxusvilla eines Frankfurter Baulöwen. Dort wurde Jürgen jr. als einziges Kind des Immobilienmagnaten Dr. Jürgen Schuster geboren. Dieser verdiente seine erste Millionen mit der Restaurierung historischer Gebäude in den besten Innenstadtlagen, als die Fußgängerzonen in deutschen Städten langsam populär wurden.

Im Gegensatz zu seinem Konkurrenten mit ähnlichem Namen hat er seine Kreditgeber nicht mit fingierten Zahlen zu Nutzflächen und Mieteinnahmen hinters Licht geführt. Er hat es viel geschickter angestellt, so daß ihm bisher noch niemand auf die Schliche gekommen ist. Und auch wir sehen uns seinem Schweigegeld verpflichtet.

Projekt Jahrtausendfeier

Schuster und Sohn. Die drei brüchigen Sprossen der Projektleiter:
Arroganz – Inkompetenz – Ignoranz.

Der geborene Projektmanager

Entsprechend konnte Dr. Schuster seinem Sohn eine Kindheit bieten, die zumindest materiell keine Wünsche offen ließ. Mit seinen Spielsachen hätte der Junior auf der Spielwarenmesse in Nürnberg getrost einen eigenen Stand unterhalten können. Besonders beliebt waren auch seine Geburtstagsfeiern, da jeder Gast ein Matchbox-Auto oder ein Plüschtier mit nach Hause nehmen durfte. Nach der Feier sank die Popularität von Jürgen jr. jedoch regelmäßig rasch gegen Null, da er sich schon früh als altkluger und arroganter Schnösel erwies.

Wie immer, so hatte auch hier der Volksmund recht: „Dummheit und Stolz wachsen auf demselben Holz". Jürgen jr. glänzte in seiner Schulzeit nicht gerade durch überragende Intelligenz. Dies stellte aber kein Problem dar. Wozu gibt es schließlich Privatschulen?

Nachdem er mit 23 Jahren sein Abitur bestanden hatte, wurde diese Leistung standesgemäß mit einem Automobil aus Stuttgart-Zuffenhausen belohnt. Nun stand ihm der Weg offen, auf einer sündhaft teuren Kaderschmiede zu akademischen Weihen zu gelangen. J. R. (diesen Spitznamen verliehen ihm seine Kommilitonen) absolvierte auch das Studium der Betriebswirtschaftslehre mit Bravour und durfte sich bereits im zarten Alter von 35 Jahren Diplom-Kaufmann nennen. Sein Vater näherte sich inzwischen dem Rentenalter. So wurde es Zeit, an die Übergabe des Immobilienimperiums an den Junior zu denken.

Die Projektidee: Eine Feier mit viel Action

Trotz des Stolzes auf seinen Sprößling befielen Dr. Jürgen Schuster in stillen Stunden Zweifel, ob sein Sohn der Aufgabe, ein Immobilienimperium erfolgreich zu führen, gewachsen sei. Es müßte so etwas wie eine Generalprobe geben, auf der Jürgen jr. seine Fähigkeiten unter Beweis stellen könnte.

Da kam dem Senior eine geniale Idee. Das letzte große Bauprojekt unter seiner Regie am Potsdamer Platz in Berlin sollte Ende 1999 fertiggestellt sein. Da bot es sich doch förmlich an, die Einweihungs- mit einer Silvesterfeier zu verbinden und in der glasüberdachten Eingangshalle des Bürokomplexes ein Fest zu geben. Von diesem sollte ganz Deutschland sprechen.

Die Vorbereitung der Feierlichkeiten, die ihrem Namen „Jahrtausendfeier" in Aufwand und Ausmaß gerecht werden sollten, ging J. R. so an, wie er es im Studium gelernt hat. Zunächst versuchte er, die Idee seines Vaters zu konkretisieren.

Eine Jahrtausendfeier, die zum Gesprächsstoff in der ganzen Republik werden sollte, war auf die Mitwirkung der Medien, insbesondere des Fernsehens, angewiesen. Die Fernsehsender berichteten aber nur dann, wenn das Ereignis so publikumswirksam war, daß es hohe Einschaltquoten und damit Werbeeinnahmen erwarten ließ. Dazu mußten einige Highlights geboten werden:

- Berühmte Persönlichkeiten,
- eine Bühne für Musik- und Tanzdarbietungen,
- spektakuläre Actioneinlagen.

Die Grobplanung: Nicht kleckern, sondern klotzen

Als J. R. das seinem Vater erläuterte, bekam der hartgesottene Baulöwe feuchte Augen. Voller Rührung klopfte er seinem Sohn anerkennend auf die Schultern:

„Ich wußte immer, daß ein echter Schuster in dir steckt!"

Derartig bestärkt, machte sich der Junior an die Erstellung der Liste der Projektmitglieder, die sich vorrangig aus den Mitarbeitern des Vaters rekrutieren sollten. Auf diese Weise hatte er die Gelegenheit, seine künftigen Untergebenen kennenzulernen und ihre Fähigkeiten zu testen. Gleichzeitig wollte er ihnen zeigen, daß die Zeit des „Alten" abgelaufen war und er das Heft in die Hand nahm. Für den Kontakt zu den Medien wählte er Papis Marketingchef, dazu den Justitiar für die Vertragsabschlüsse, einige Sekretärinnen und ein paar Hilfskräfte für den Kleinkram. Der Löwenanteil der konzeptionellen Projektarbeit, davon war J. R. überzeugt, mußte seiner Genialität obliegen.

Entsprechend gestaltete sich das „Gespräch am runden Tisch", das er vom Chefsessel aus führte, während die Projektmitglieder vor dem protzigen Mahagonischreibtisch standen.

Nachdem er geruht hatte, das Volk an seiner Projektidee teilhaben zu lassen, erwartete er keine Diskussion, sondern nur Beifall und Bewunderung. Dies erhielt er auch prompt – schließlich waren die Mitarbeiter vom Vater jahrelang erzogen worden. Dann nahm er den Marketing-Leiter zur Seite, um mit ihm zu besprechen, welche Künstler für die Jahrtausendfeier zu engagieren waren. Mit einem überlegenen Lächeln flüsterte er dem gespannt lauschenden Marketing-Mann ins Ohr:

„Als ich gestern im Solarium lag, fiel mir plötzlich ein, wen wir unbedingt für die Feier gewinnen müssen: den berühmten schwarzen Popstar „White Tiger". Wissen Sie, wie ich auf die Idee kam? Ich bin weiß und versuche, braun zu werden, „White Tiger" ist braun und versucht, weiß zu werden! Hä, hä... das ist doch ein genialer Gedankensprung, oder?"

Der Marketing-Leiter versuchte einzuwenden, daß „Tiger" vielleicht eine Nummer zu groß war, eventuell auch zu teuer und daß er sich wahrscheinlich gar nicht herablassen würde, extra nach Berlin zu kommen. Doch diese Argumente wischt J. R. mit einer Armbewegung zur Seite:

„Sie müssen groß denken! Geld spielt keine Rolle. Es genügt doch, wenn wir ihn für einen kurzen Auftritt aus USA einfliegen lassen. Hauptsache, er kommt! Denken Sie an das Medieninteresse."

Ferner wünschte sich Jürgen jr. Kontakt zu den wichtigsten Fernsehsendern, um mit ihnen über die Übertragungsrechte zu verhandeln. Schließlich brauchte er auch noch einen Moderator für die Jahrtausendfeier. Thomas Teufel oder Günther Gruber oder am besten beide würden den richtigen Rahmen für den „Tiger" bieten. Dann noch ein paar Bands mit fetziger Musik, ein Feuerwerk, wie es Berlin seit der Wiedervereinigungsfeier nicht mehr gesehen hatte. So sah J. R.´s Grobplanung für das Projekt „Jahrtausendfeier" aus.

Das muß ich mir für den nächsten Jahrtausendwechsel merken!

Die Feinplanung: Der Projektmanager zeigt, was er kann

Als er mit dieser Idee zu seinem Vater marschierte, um sie sich von ihm absegnen zu lassen, fiel dieser zunächst aus allen Wolken.

„White Tiger", Thomas Teufel, verschiedene Pop-Bands? Für das Geld konnte er einen ganzen Büroturm hinstellen. Doch wenn man sich mit den Fernsehsendern über eine vernünftige Teilung der Werbeeinnahmen einigte, sah unterm Strich vielleicht sogar noch ein kleiner Gewinn heraus.

Also stimmte der Senior den Projektplänen seines Sohnes unter Vorbehalt zu, wenngleich ihm ein ungutes Gefühl beschlich. Auf alle Fälle wünschte er sich eine detaillierte Planung des Projekts, insbesondere hinsichtlich Kosten und Zeitablauf, bevor er sein endgültiges „OK" gab.

Jürgen jr. hegte eine gewisse innere Abneigung gegen eine allzu konkrete vorausschauende Vorgehensweise. Zum einen fühlte er sich in seiner persönlichen Kreativität eingeschränkt, wenn er jede Planabweichung gegenüber seinem Vater begründen mußte. Zum anderen hatte er bereits während seiner Schul- und Studienzeit die leidige Erfahrung gemacht, daß Planung nur den Zufall durch den Irrtum ersetzt – hatte doch alles etwas länger gedauert als ursprünglich vorgesehen. Da er sich aber dem Willen seines Vaters beugen mußte, wollte er die Feinplanung so professionell wie möglich machen.

Von Ehrgeiz gepackt, holte er seine Vorlesungsunterlagen zu den Schätzmethoden heraus. Wozu sonst hatte er sich in seinem Studium mit Statistik herumgeschlagen?

Der Marketing-Leiter hatte inzwischen in Erfahrung gebracht, welche Gagen für die gewünschten Stars anzusetzen und welche Kosten sonst zu berücksichtigen waren, wie hoch der Zeitbedarf und die Werbeeinnahmen ähnlicher Projekte gewesen waren.

J. R. erfuhr aus seinen Statistikskripten und -büchern, daß zur Projekt-Rahmenplanung und für frühe Projektphasen parametrische Methoden besonders geeignet waren.

Also versuchte er sich an der Methode der Momente und der Maximum-Likelyhood-Methode, geriet aber aufgrund der komplexen Schätzbeziehungen ordentlich ins Schwitzen. Schließlich war ihm das Ergebnis nicht ganz geheuer – mit den Kosten ließ sich tatsächlich ein veritables Bürogebäude erstellen. Daher „korrigierte" er das Ergebnis intuitiv so, daß die Kosten der Feier und die Erlöse aus der Werbung das Wohlwollen seines Vaters finden würden. Um das Planungsergebnis auch optisch ansprechend darzustellen, entwarf J. R. mit Hilfe von Microsoft Project einen bunten Projektplan, druckte ihn auf A3-Papier aus und tapezierte damit sein Büro.

Als sein Vater das Werk betrachtete, konnte er ein „Ich bin stolz auf dich!" nicht unterdrücken: Der Sohn war sattelfest in Statistik, beherrschte bravourös den Umgang mit den aktuellen Computerprogrammen. Und handwerklich begabt war er auch noch, wie die Tapezierarbeiten zeigten. Also stand einer Realisierung des Projekts „Jahrtausendfeier" nichts mehr im Wege, dachten beide. Auf der anschließenden Sitzung mit allen Projektmitgliedern erntete J. R. begeisterte Zustimmung (wie auch nicht anders zu erwarten war).

Erste Korrekturen der Planung: Die Stars sagen ab

Als nächstes nahm J. R. Kontakt zu den Managern von Teufel und Gruber auf, um sie als Moderatoren für die Jahrtausendfeier zu gewinnen. Leider mußte er erfahren, daß beide bereits eine Silvestergala moderierten. Auch die meisten anderen Größen des Showgeschäfts waren an diesem Tag bereits ausgebucht.

Lediglich Suse Flenning stand noch zur Verfügung. Zwar bereitete sie sich nach einer medialen Zwangspause gerade intensiv auf ihren neuen Job als Fußballkommentatorin beim bekannten Sender TV Frau 2000 vor. Beim Auswendiglernen des Fußball-Lexikons hing sie noch beim Buchstaben A wie Abseits. Bis Z wie Zuschauertribüne war es noch ein weiter Weg.

Doch für eine Jahrtausendfeier konnte sie sich schon erwärmen. Nach anfänglicher Enttäuschung stimmte J. R. einem Vertrag mit Frau Flenning zu – zwar besaß sie nicht die Popularität von Teufel und Gruber, dafür war sie aufgrund ihres gesunkenen

Marktwertes wesentlich billiger. Auch der Marketing-Leiter mußte Schuster junior eine traurige Mitteilung machen: trotz intensivster Bemühungen und großzügiger Gage konnte „White Tiger" nicht überredet werden, als Star auf der Jahrtausendfeier aufzutreten.

Der Grund für seine Absage war durchaus nachvollziehbar: Der „Tiger" weigerte sich, an Silvester zu fliegen, weil er befürchtete, daß aufgrund des Datumswechsels die Computerchips seines Privatjets verrückt spielten und dieser abstürzen könnte. Schuster jr. merkte, daß ihm sein ursprüngliches Konzept wie Sand in den Händen zerrann. Denn auch die Pop-Bands, die er eigentlich engagieren wollte, waren bereits für andere Mega-Events ausgebucht. Was verblieb, waren Interpreten wie Timo Tirodimos. Der erklärte sich bereit, seinen Silvesterauftritt im Pflegeheim St. Laurenzius in Wanne-Eickel abzusagen und bei der Jahrtausendfeier aufzutreten.

Auch weitere Künstler seines Bekanntheitsgrades konnten dem Werben des Immobiliensprosses nicht widerstehen. Und so fand sich ein Grüppchen zusammen, mit dem sich die letzten Stunden des Jahrtausends leidlich über die Bühne bringen ließen. Einziger Wermutstropfen war, daß der Fernsehsender, der das Ereignis deutschlandweit ausstrahlen wollte, absagte. Lediglich ein Berliner Lokalsender wollte die Übertragung übernehmen. Die Werbeeinnahmen aber würden allenfalls die Kosten des Senders decken.

Abschluß der Planungen: Der Projektmanager verabschiedet sich in den Urlaub

Nachdem das Festprogramm auf ein ziemlich bescheidenes Ausmaß zusammengeschrumpft war, machte sich J. R. verzweifelt auf die Suche nach einem neuen Highlight. Irgend etwas Spektakuläres mußte es sein. Außerdem war die Politik in seinem Programm noch nicht vertreten. Wieder kam ihm eine geniale Idee. Da gab es doch diesen Politiker, der früher einmal Minister war und zur Zeit ziemlich kaltgestellt war. Der war für jeden Gag zu haben, sofern dieser medienwirksam war. Wie war doch sein Name... – ja, richtig, Herbert Huber. Und das Beste daran war: Herbert Huber war passionierter Fallschirmspringer. Wie wäre es, wenn er zum Zwölfuhrschlag mit dem Fallschirm aus einem Hubschrauber springen und direkt auf dem Dach des neuen Bürogebäudes landen würde? Ein kurzes Telefonat mit Herbert Huber, und die Sache war abgemacht.

J. R. ging noch einmal die Eckpunkte seines Projektes durch:

- Suse Flenning als Moderatorin,
- Timo Tirodimos and friends als Stimmungsmacher,
- Herbert Huber als spektakuläres Highlight.

Irgendwie war es zwar anders geplant, aber ganz so schlecht hörte es sich auch nicht an. Vor allem seinen Vater würde es freuen, daß bei diesem Programm die Feier nur einen Bruchteil der ursprünglich geplanten Kosten erreichen würde. J. R. fand, daß er mit seiner Leistung ganz zufrieden sein konnte und nun etwas Urlaub verdient hatte. Der Grundstein für das Projekt war gelegt, den restlichen Kleinkram konnten ruhig der Marketing-Leiter und die anderen Projektmitglieder erledigen.

Auch der Herr Papa fand, daß der Sprößling sich eine Pause gönnen sollte – schließlich hatte dieser das erste Mal in seinem Leben richtig gearbeitet. Somit stand einer Kreuzfahrt in der Karibik mit der familieneigenen Yacht nichts im Wege. Damit entging dem Urlauber, wie sich der Marketing-Leiter und sein Team bei der Erledigung des vermeintlichen „Kleinkrams" immer mehr einem Herzinfarkt näherten.

Zunächst war eine Werbekampagne in allen Medien zu organisieren. Da Timo Tirodimos and friends ohne eigenes Equipment auftraten, mußte auch die technische Bühnenausstattung inklusive einer großen Leinwand gemietet werden. Ferner waren noch Stühle und Tische, Essen- und Getränkestände und vieles andere mehr zu besorgen. Diese Nebensächlichkeiten hatte der Projektleiter in seinem bunten Projektplan leider nicht berücksichtigt.

Die letzten schönen Stunden des Projektmanagers

Als J. R. wenige Tage vor dem Jahreswechsel braungebrannt und entspannt aus dem Karibikurlaub zurückkehrte, fand er alles wohl vorbereitet vor. Sein Projektteam hatte tatsächlich ganze Arbeit geleistet. Wie Napoleon vor der Schlacht betrat er gemessenen Schrittes die Stätte seines baldigen Triumphes. Das imposante Bürogebäude war tatsächlich rechtzeitig fertig geworden.

Durch das Glasdach hoch über der riesigen Eingangshalle strahlte die Dezembersonne, als wollte sie den Heimkehrer überzeugen, daß das Wetter nicht nur in der Karibik schön ist. Die Bühne mit der großen Leinwand wirkte beeindruckend, die Stühle und Tische waren weiß gedeckt und mit Kerzen und Trockenblumen geschmückt, die Techniker testeten gerade die Bässe der Lautsprecheranlage, daß es ihm wohlig im Bauch kribbelte.

Ja, dort oben auf der Bühne würde er bald stehen, umgeben von Suse Flenning, Timo Tirodimos und den übrigen Musikern, dort vor der großen Leinwand, auf der die Gäste bewundernd den Fallschirmsprung von Herbert Huber vor dem erleuchteten Berliner Nachthimmel verfolgen würden. Ja, von dort oben würde er mit einer großen Ansprache das neue Jahr begrüßen.

Er würde nicht von einem Jahreswechsel sprechen, nein, er würde einen Zeitenwechsel ankündigen, einen Aufbruch in ein neues Jahrtausend, eine bessere Zukunft für die gesamte Menschheit. Und die Menschen würden ihm für seine Worte mit langanhaltendem, frenetischem Beifall danken.

„He, kannste nich' woanders Löcher in die Luft starrn?"

Ein Bühnenarbeiter, dem er im Wege stand, riß ihn aus seiner stillen Andacht und fuhr rumpelnd einen weiteren Lautsprecher zur Bühne. J. R. wollte den unverschämten Proleten schon fragen, ob er wußte, wen er vor sich hatte. Dann erinnerte er sich an seinen Leitspruch *"Groß denken"*, und er ließ Gnade vor Recht ergehen. Er trat vor das gewaltige Gebäude, warf noch einen verklärten Blick hinauf zur Spitze des Büroturmes in schwindelerregender Höhe und wandte sich zu seinem Chauffeur, der ihm die Wagentüre aufhält:

„Daran werden wir noch lange denken!".

Er sollte recht behalten.

Die Feier könnte beginnen: Start mit Hindernissen

Endlich war es so weit. Der Abend des letzten Tages dieses Jahrtausend war angebrochen. Die Künstler und die Moderatorin befanden sich bereits hinter der Bühne. Herr Huber war auf dem Weg zum Flugplatz, und die ersten festlich gekleideten Gäste standen am Eingang. Die Eingangshalle füllt sich zusehends.

J. R., seine Eltern, das Projektteam und weitere verdiente Mitarbeiter des Unternehmens sowie eine ganze Reihe von Honoratioren, darunter auch der Bezirksbürgermeister, nahmen an den Tischen in der ersten Reihe Platz und warteten gespannt und fröhlich auf die Dinge, die da kommen würden.

Punkt 21 Uhr verdunkelte sich die Halle. Musik aus „Also sprach Zarathustra" ertönte. Dann wurde die Dunkelheit von einem gleißendem Lichtstrahl zerrissen, und mitten auf der Bühne stand Suse Flenning in einem silberfunkelnden Abendkleid, umgeben von waberndem Nebel. Sie verbeugte sich tief vor dem Publikum, das sie mit begeistertem Beifall begrüßte.

Nachdem sich der Sturm des Applauses ein wenig gelegt hatte, hob die Moderatorin das Mikrofon, um die Gäste willkommen zu heißen. Doch statt feierlicher Worte war nur ein undefinierbares Quietschen zu hören. Daß Frau Flenning eine ungewöhnliche Stimme hatte, war den meisten Gästen aus dem Fernsehen bekannt, aber dieses Geräusch hatten sie nicht einmal bei Frau Flennings exzessiven Weinkrämpfen in der abgesetzten Show „Tränen lügen nicht!" vernommen.

J. R. warf einen vorwurfsvollen Blick auf den Marketing-Leiter am Nebentisch, doch dieser zuckte nur hilflos mit den Schultern. Auch die anderen Projektmitglieder schienen von dieser Panne auffällig unberührt. Bei einigen kam es J. R. so vor, als ob sie schadenfroh grinsten – nein, er mußte sich täuschen.

Bei den Technikern hinter der Bühne brach eine hektische Betriebsamkeit aus, und nach fünf Minuten, die J. R. wie eine Ewigkeit vorkamen, war endlich Suse Flennings Stimme zu hören. Doch die Moderatorin meisterte die Situation gekonnt, entschuldigte sich für die technische Panne und eröffnete die Silvesterfeier mit einer langen Sequenz.

Sie dankte Dr. Schuster und seinem Sohn für die Ausrichtung der Jahrtausendfeier, lobte seine unternehmerischen Erfolge in den höchsten Tönen und hob dabei immer wieder das soziale Engagement und das Mäzenatentum des Immobilienmagnaten hervor.

Dann wurde ein Film über die Errichtung des Schuster'schen Bürokomplexes am Potsdamer Platz von der Grundsteinlegung bis zur Fertigstellung gezeigt. Die Kamera riß die Zuschauer förmlich mit: In atemberaubendem Tempo hastete sie die Außenfassade hinauf und – nach einer Schleife über dem Hubschrauberlandeplatz auf dem Dach – wieder hinunter und hinein in die Eingangshalle, hinauf in die Büros mit einem herrlichen Blick über den gesamten Potsdamer Platz – kurzum: ein hervorragender Werbefilm. Diesmal erntete der Marketing-Leiter anerkennende Blicke vom Senior.

Noch mehr Chaos: Ein Live-Auftritt wider Willen

Nun wurde von einer Schar schwarz-weiß gekleideter Bedienungen das luxuriöse Diner aufgetragen. Zur Eröffnung des Festessens begab sich Dr. Schuster höchstpersönlich auf die Bühne, wünschte den Gästen einen guten Appetit und kündigte als musikalische Umrahmung den Auftritt von Timo Tirodimos an. Die Eingangshalle verdunkelte sich wieder. Nur die Kerzen auf den Tischen tauchten den riesigen Raum in ein romantisches Licht. Passend zu dieser Stimmung sollte Tirodimos von Liebe und Liebesschmerz singen.

Doch die Scheinwerfer, die den Sänger ins rechte Licht rücken sollten, blieben dunkel. Die Gäste erkannten nur ganz schemenhaft, wie eine etwas untersetzte Gestalt mit wallenden Locken verunsichert auf die Bühne stolperte.

Fehlermeldungen zum Jahrtausendwechsel

Dort blieb sie einige Zeit stehen und wartete, daß der Spot auf sie gerichtet würde. Aber es passierte nichts.

J. R. sprang auf, stieß in der Dunkelheit gegen den Stuhl des Bürgermeisters, dem die Brille in die Suppe fiel, und eilte hinter die Bühne zu den Technikern.

"Was ist denn jetzt los, um Himmels willen?!"

"Keine Ahnung. Der Computer, mit dem wir die Licht- und Musikanlage ansteuern, spielt total verrückt."

Die gesamte Crew stand vor dem Bildschirm und starrte auf die undefinierbaren Zeichen, die immer wieder in regelmäßigen Abständen aufblinkten.

"Wenn es nicht erst 23 Uhr wäre, würde ich sagen, daß wir es hier mit dem vielfach erwarteten Jahr-2000-Problem zu tun haben", meinte einer der Techniker.

"Moment ´mal, die Systemuhr zeigt tatsächlich 0:01 an. Da muß jemand die Systemzeit vorgestellt haben!"

"Sabotage!" zischt J. R. *"Bringen Sie das sofort in Ordnung!"*

Er hastete zu seinem Platz zurück. Dabei warf er einen Blick auf das Publikum. Glücklicherweise war es noch mit dem Essen beschäftigt, doch ließ sich schon eine leichte Unruhe feststellen.

Das schien auch Tirodimos zu bemerken, und plötzlich war von der Bühne ein leises Wimmern zu hören. J. R. befürchtete schon, daß der Sänger einen Nervenzusammenbruch erlitten haben könnte – Künstler sind ja bekanntlich sensibel.

Als aber das Geklapper der Teller und das Geklimper der Bestecke schlagartig aufhörte und sich eine gespenstische Ruhe ausbreitete, erkannten J. R. und alle anderen Anwesenden, daß Tirodimos nicht wimmerte, sondern sang. Doch ohne technische Unterstützung, unplugged und ohne Playback reichten die stimmlichen Möglichkeiten des Interpreten nicht aus. Dennoch hatte er offenbar die Herausforderung angenommen und wollte zeigen, daß ein wahrer Künstler auf technischen Schnickschnack verzichten kann.

Timo Tirodimos unplugged

Das Publikum schwankte zwischen der Bewunderung für das Durchhaltevermögen des Barden und dem immer stärker werdenden Drang, wegen der komischen Situation loszulachen. Selbst an den Tischen der Projektmitglieder war ein unterdrücktes Glucksen zu hören.

J. R. starrte in einer Mischung aus Wut und Verzweiflung hinüber zum Marketing-Leiter am Nebentisch. Soweit er erkennen konnte, schüttelte der sich vor Lachen – sollte er der Saboteur...?

J. R. brachte diesen Gedanken nicht zu Ende. Denn plötzlich zerriß ein *"AMOOOOOR ..."* und einsetzende Musik die Stille, und ein gleißend helles Licht schmerzte in den Augen. Die Rückkehr der Technik überraschte den Künstler ebenso wie die Gäste, so daß Tirodimos erst einmal erschreckt verstummte. Erst nach einigen Sekunden fand er den Faden wieder und sang mit voller technischer Unterstützung sein Lied zu Ende. Das Publikum spendete ihm einen begeisterten Applaus, vor allem wegen seiner Standhaftigkeit. Die meisten waren heilfroh, daß diese peinliche Situation ein Ende gefunden hatte.

Die große Rede – und keiner hört zu

Tirodimos and friends begleiteten die speisenden Gäste ohne weitere Komplikationen durch die letzte Stunde des alten Jahrtausends. Als das Essen abgetragen war, trat Suse Flenning auf die Bühne und kündigte das Highlight des Abends an: Schlag zwölf Uhr sollte der allseits bekannte Politstar Herbert Huber mit einem Fallschirm auf dem Dach des Bürogebäudes landen, eben auf dem Hubschrauberlandeplatz, den das Publikum zuvor im Werbefilm gesehen hatte. Selbstverständlich wurde dieses Ereignis auf der Leinwand hinter der Bühne übertragen, so daß die Gäste das Spektakel bequem verfolgen konnten.

Es wurde life in den Hubschrauber geschaltet. Der nahm bereits Kurs auf die Absprungstelle. Herbert Huber im gelben Overall und mit blauem Helm winkte freundlich in die Kamera. Diese vollzog jetzt einen kurzen Schwenk, um das nächtliche Berlin von oben zu zeigen. Noch waren einige Minuten Zeit, in der J. R. seine von ihm selbst als „Berliner Rede" bezeichnet Ansprache zur Jahrtausendwende halten wollte – was ein Herzog konnte, konnte ein Schuster schließlich schon lange.

J. R. trat gemessenen Schrittes vor das erwartungsvoll lauschende Publikum und begann, seine Visionen vom neuen Jahrtausend vorzutragen. Er sprach von der Notwendigkeit, zu alten Werten wie Zuverlässigkeit, Bescheidenheit und Opferbereitschaft zurückzukehren – Eigenschaften also, die er selbst nicht besaß.

Als er sich dem dramaturgischen Höhepunkt seiner Rede näherte, wurde er jäh vom Rotorengeknatter des Hubschraubers unterbrochen. J. R. hatte vor lauter Schwelgen in Werten und Visionen die Zeit ganz aus den Augen verloren.

Inzwischen war es kurz vor zwölf Uhr, und Herbert Huber schickte sich zum Sprung an. Auf der Leinwand konnten die Gäste erkennen, daß der Hubschrauber bereits hoch über dem Bürogebäude schwebte. Ein Kamerawechsel, und sie sahen den Hubschrauber, genauer das Blinken seiner Positionslichter, vom Dach des Hochhauses aus. Eine erneute Schaltung zum Hubschrauber, wo Herbert Huber gerade einige Blinklichter an seinem Overall befestigte, um in der Nacht von unten gesehen zu werden. Noch ein letztes Winken in die Kamera, und er sprang. Von der Dachkamera aus war er zunächst nur mittels Zoom am nächtlichen Himmel auszumachen. Inzwischen hatten die ersten Berliner, die das neue Jahrtausend nicht mehr erwarten konnten, schon ihre Silvesterraketen gezündet, so daß Herbert Huber vor einem zunehmend heller erleuchteten Himmel Richtung Hubschrauberlandeplatz schwebte. Das Publikum verfolgte das farbenfrohe Spektakel mit Staunen. J. R. und seine Rede hatte es längst vergessen.

Der große Show down: Raketen, ein Fallschirm und der Sturz in die Tiefe

Plötzlich breitete sich Unruhe in der Halle aus. Über den blinkenden Lichtpunkten an Herbert Hubers Overall war ein neues Licht zu erkennen. Ein Zoom der Kamera brachte Gewißheit: Herbert Hubers Fallschirm brannte!

Anscheinend hatte sich eine Silvesterrakete im Stoff verfangen und diesen entzündet. Blankes Entsetzen machte sich breit – würde Herbert Huber den Sprung überleben? Die Kamera hielt das Geschehen unbarmherzig fest.

Herbert Huber näherte sich mit zunehmender Geschwindigkeit dem Dach des Hochhauses. Er schien die Kontrolle über seinen Fallschirm verloren zu haben. Mit einem lauten *„Aaaaaaah!"* sauste er an der Kamera vorbei in die Tiefe. Ein Aufschrei ging durchs Publikum. Geistesgegenwärtig verfolgte der Kameramann den weiteren Sturz in die Tiefe. Mit einem Ruck wurde der Fall jäh gestoppt. Die Reste des Schirm hatten sich in einem der Fahnenmasten des Gebäudes verfangen.

Dort hing Herbert Huber nun zwischen Deutschland- und Europafahne und zappelte wie ein Fisch auf dem Trockenen. Für die Gäste im Festsaal gab es kein Halten mehr. Sie strömten aus der Eingangshalle vor das Gebäude, um die Rettung des wackeren Helden aus nächster Nähe zu verfolgen.

Nach wenigen Minuten war in der riesigen Halle nur noch ein einziger Tisch besetzt: Vater und Sohn Schuster starrten fassungslos auf den Bildschirm, wo gerade ein Wagen der Feuerwehr seine Drehleiter ausfuhr, um Herbert Huber aus seiner mißlichen Lage zu befreien.

„Gott sei Dank, ihm ist nichts passiert", stöhnte der Senior. *„Und was dich angeht, mein Sohn: Ich glaube, auf den Chefsessel mußt du noch ein paar Jährchen warten. Aber in tausend Jahren hast du ja wieder eine Gelegenheit, die heutige Scharte auszuwetzen."*

Sprach's und verschwand in Richtung Ausgang. Damit dürfte Herbert Huber an diesem denkwürdigen Abend nicht der einzige gewesen sein, der ganz böse abstürzte.

Fazit

Was ist nun die Moral von der Geschicht? Ohne soziale Kompetenz geht es nicht! Also: Wenn Sie an einem Projekt arbeiten, sollten Sie Ihre Kollegen pfleglich behandeln. Und gönnen Sie sich erst dann Ihren wohlverdienten Urlaub, wenn das Projekt erfolgreich abgeschlossen ist. Ansonsten besteht durchaus die Gefahr, daß es abstürzt, ohne daß sich ein Fallschirm öffnet. Auch dürften Sie dann wohl kaum in der komfortablen Lage sein, daß der Auftraggeber Ihr Vater ist...

Mit dem Internet an die Börse

Traditionellen Unternehmen wird zunehmend klar, daß das Internet mehr ist als ein Tummelplatz von Tüftlern und Forschern. Nach einer Untersuchung des Marktforschungsinstituts Forrester Research wurden 1998 im Internet 4,8 Milliarden Dollar umgesetzt und damit doppelt so viel wie im Jahr 1997. Analysten der International Data Corporation prognostizieren, daß das Umsatzvolumen bis zum Jahr 2002 auf 240 Milliarden Dollar schnellen wird.

Die Welt des Internet

Kein Wunder, daß bei diesen Zahlen auch deutsche Firmen vom Internet-Fieber angesteckt werden. Bertelsmann und die Deutsche Telekom kämpfen um die beste Startposition für die Eroberung des Online-Marktes. Besonders interessant sind dabei die sogenannten Portalseiten. Sie verdanken ihren Namen und ihre Beliebtheit der Tatsache, daß sie vom Surfer als erstes aufgerufen werden. Da sie als Orientierung dienen, können die Nutzer von diesen Eingangsseiten aus leicht zu kommerziellen Angeboten gelockt werden. International kämpfen insbesondere die US-Onlinedienste America Online (AOL) und Yahoo um den Titel des „Königs der Portale".

Der Internetmarkt ist durch eine Reihe von Übernahmen gekennzeichnet.

- AOL schluckte im November 1998 den Softwarehersteller Netscape für 4,2 Milliarden Dollar,
- Der Internet-Provider At-Home kaufte für fast sieben Milliarden Dollar den weltweit zweitgrößten Portalanbieter Excite,
- Der Marktführer Yahoo legte für den Konkurrenten Geocities 4,6 Milliarden Dollar auf den Tisch.

Trotz relativ geringer Umsätze werden die Internet-Unternehmen wie Großkonzerne bewertet. Yahoo setzte 1998 zwar nur 200 Millionen Dollar um, wird an der Börse aber mit über 30 Milliarden Dollar bewertet und ist damit fast so teuer wie der

US-Flugzeughersteller Boeing, der 1998 einen Umsatz von 56 Milliarden Dollar erzielte.[3]

Beispielhaft für manche märchenhafte „Vom-Tellerwäscher-zum-Millionär"-Geschichte in der Neuen Welt des Internet ist die von Pierre Omidyar, einem typische Start-up-Unternehmer aus dem Tal der unbegrenzten Möglichkeiten, dem Silicon Valley. Knappe fünf Wochen benötigte der 31jährige Gründer der Internetfirma E-Bay aus San José in Kalifornien für seine erste Dollar-Milliarde, weitere zwei Wochen für die zweite Börsen-Milliarde. Von der Börseneinführung im September 1998 bis zum Januar 1999 stieg der Marktwert der Firma um mehr als 1000 % auf über zwölf Milliarden Dollar. Die Aktie kletterte vom Einführungskurs von 18 Dollar auf 321 Dollar.

Die Geschäftsidee des Firmengründers ist, wie die meisten erfolgreichen Ideen, recht simpel: E-Bay ist ein Online-Auktionshaus, also eine Art virtueller Flohmarkt, auf dem private Händler, Sammler und Schnäppchenjäger um Antiquitäten, Briefmarken, Stofftiere, Münzen oder Bücher feilschen.

Der Vorteil liegt für Anbieter wie für Interessenten in der Bequemlichkeit. Statt Anzeigen in der Tageszeitung zu schalten und sich mit Telefonanrufen herumzuplagen, können die Verkäufer direkten Kontakt zu ihren möglichen Käufern aufnehmen und den besten Preis herausholen. Die Kunden sparen sich das lästige Durchforsten von Kleinanzeigen in Tageszeitungen.

Am bequemsten ist das Online-Auktionshaus für Omidyar selbst. Er braucht praktisch nichts weiter zu tun, als die Auktionsräume zu betreiben und für stetigen Kundenstrom zu sorgen. E-Bay tritt nur als Vermittler der Transaktionen auf, während das eigentliche Geschäft Käufer und Verkäufer untereinander abwickeln. Somit spart sich E-Bay Versand- und Lagerkosten.[4]

---

[3] Homeyer, Jürgen: Superrenditen locken, in: Wirtschaftswoche Nr. 7 v. 11.2.1999, S. 66-67

[4] Hohensee, Matthias: Heikle Aufgaben, in: Wirtschaftswoche Nr. 3 v. 14.1.1999, S. 47

Chatten im Internet: Kommunikation ist,
wenn zwei oder noch mehr aneinander vorbeireden.

Der Weg zum Internet-Millionär – eine Erfolgsstory

Rudolf Zocker kam im Münchener Glasscherbenviertel Hasenbergl zur Welt. Nachdem Rudi die abgelegten Sachen seines älteren Bruders auftragen mußte, faßte er schon in frühen Jahren einen folgenschweren Entschluß. Er wollte reich werden, und zwar schnell und ohne Anstrengung. Daß eine solide Ausbildung nicht der richtige Weg sein kann, bemerkte er schon bald, denn die dicken Autos fuhren nicht die Lehrer, sondern die Typen mit Goldkettchen und Schnauzbart. Zwar war ihm nicht ganz klar, wie sie ihr Geld verdienten, dennoch wollte er so werden wie sie. Also nutzte er die Schule weniger als Bildungsstätte denn als Absatzgebiet. Er deckte sich mit Kaugummi, Gummibärchen und anderen Süßigkeiten ein und setzte sich mit einer großen Tüte dieser leckeren Sachen in der Pause auf den Schulhof.

Der Dealer vom Schulhof

Es dauerte nicht lange, bis er von Mitschülern umringt war, denen ihre Mütter streng verboten hatten, dieses ungesunde Zeugs auch nur anzurühren. Da aber gerade die verbotenen Früchte am besten schmecken, war es für Rudolf kein Problem, seine gesamten Süßigkeiten für ein Vielfaches des Einkaufspreises an die Klassenkameraden zu verhökern. Von seinen Einnahmen konnte er die kesse Gabi regelmäßig zum Eis einladen, was seinem Sozialprestige sehr zuträglich war.

Als die Lehrer seinem schwunghaften Handel auf die Spur kamen und ihn rigoros untersagten, betrachtete Rudi die Schule endgültig als Zeitverschwendung. Hier konnte er sowieso nichts lernen, was er später mal für seine Karriere hätte brauchen können. Also verließ er die Enge der Klassenräume, um in der großen Welt sein Glück zu machen. Doch dieses ließ noch auf sich warten: Zunächst mußte er sich mit Gelegenheitsjobs über Wasser halten. Die brachten zwar nicht das große Geld, aber immerhin interessante Nebeneinkommen.

Der Weg zum Internet-Millionär – eine Erfolgsstory

Rudi Zocker.
Der Dagobert Duck des Internet dank Tamagotchis.

Er arbeitete einige Monate bei seiner Tante, die den Esoterik-Laden „Aquarius" in der Innenstadt betrieb. Da die Tante sich gerade auf einen Selbstfindungstrip mit täglichen mehrstündigen Meditationen befand, hatte er mehr oder weniger freie Hand und fühlte sich schon bald als Geschäftsführer in Sachen Esoterik.

Seine Geschäftstüchtigkeit ließ ihn recht schnell erkennen, daß man den sinnsuchenden Kunden so ziemlich alles andrehen konnte, was mit den Worten „Selbstfindung", „Der Weg zum eigenen Ich" und einigen indischen Vokabeln angepriesen wurde.

Besonders lukrativ entwickelte sich der Verkauf von Klangschalen. Das sind Messingschüsseln unterschiedlicher Größe, die mittels eines Stabes in Schwingungen versetzt und dann auf diese oder jene Körperstelle gelegt werden. Sie sollen eine Art Resonanzschwingung auslösen und den Schwingenden in höhere Sphären des Bewußtseins heben. Diese Klangschalen müssen, um ihre transzendentale Wirkung in vollem Umfang entfalten zu können, von tibetanischen Mönchen in jahrelanger Handarbeit zurechtgehämmert werden und sind entsprechend teuer.

Allerdings sieht man einer Messingschüssel nicht auf den ersten Blick an, ob ein Mönch daran ´rumgehämmert hat oder ob sie einer Massenfertigung taiwanesischer Provenienz entstammt. Genau diesen Umstand machte sich Rudi zunutze und kaufte den gesamten Sonderposten von Messingschüsseln eines Möbelmarktes auf, um ihn dann zu wahrlich transzendentalen Preisen an bekiffte Esoterikjünger und -jüngerinnen weiterzuverkaufen. Als seine Tante in einer Meditationspause das Treiben ihres Neffen mitbekam, fand sie dieses höchst „unsolidarisch" und setze Rudi vor die Türe. Wie seine Lehrer, so hatte auch sie offensichtlich keinen Sinn für Geschäftstüchtigkeit.

Hinaus in die Welt via Internet

Nachdem Rudi seinen Ausflug ins Reich des Übersinnlichen beenden mußte, erfolgte die entscheidende Weichenstellung. Er half bei seinem Bruder aus. Dieser hatte in einem ehemaligen Tante-Emma-Laden ein Computergeschäft eröffnet. Beide reparierten Computer, kaufen alte PCs auf, um aus drei alten einen neuen zu basteln, und verkaufen diesen dann an die Leute in ihrem Viertel. Daneben hatten sie noch Computerspiele im Sortiment und eine Ecke des Geschäfts als „Internet-Café" eingerichtet. Gewinne wie mit den Klangschalen ließen sich hier zwar nicht erzielen, doch die beiden konnten (zwar mehr schlecht als recht) von ihrem kleinen Laden leben. Besonderen Spaß machte es Rudi, daß er als erster in der Straße die neuesten Computerspiele testen konnte. Wenn er dann mit seinen Spezis um kleine Geldbeträge spielte, hatte er meist schon einen ausreichenden Übungsvorsprung, um sie ordentlich abzuzocken.

Zunehmend aber faszinierte ihn das Internet. Hier konnte er endlich dorthin, wohin er schon immer wollte: in die große weite Welt. Per Mausklick reiste er nach Australien oder Japan. Er betrachtete die Sehenswürdigkeiten der Welt, die er bislang nur aus dem Fernsehen kannte. Und manchmal glaubte er wirklich, auf dem Empire State Building oder der Freiheitsstatue zu stehen. Leider kosteten die wirklich interessanten Seiten Geld. Doch das würde er bald haben. Er brauchte nur eine Idee...

Die Welt kommt nach Hause: Eine merkwürdige Japanerin auf dem Oktoberfest

Neben dem Internet gab es noch eine andere Möglichkeit für einen Jungen vom Hasenbergl, den Duft der großen weiten Welt zu schnuppern: das Oktoberfest. Viele Amerikaner sind so begeistert davon, daß sie auch zu Hause ihr eigenes Oktoberfest feiern. Da gibt es dann „Original Bratwuerstel" und „Original Octoberfestbeer" - Hauptsache „Original".

Ob die Japaner auch ihre eigenen Oktoberfeste feiern, ist noch unbekannt. Wahrscheinlich ist dies nicht notwendig, da alle Japaner sowieso zum Oktoberfest nach München kommen. Klar, daß im Wies'n-Zelt neben Rudi, seinem Bruder und einigen Spezis eine Gruppe Japaner saß.

Warum Netscape so viele Freunde hat

Auf ihren Köpfen trugen alle identische rote Schirmmützen, an deren Seiten Stoffhände angebracht sind. Wenn sie mit dem Finger auf einen Knopf drückten, der über ein Kabel mit der Mütze verbunden ist, bewegten sich die Stoffhände so, als würden sie applaudieren. In Abständen von wenigen Sekunden betätigte immer ein anderer der Söhne und Töchter Nippons seinen Knopf und brachte die Hände auf seiner Mütze zum Klatschen. Nach jeder dieser Aktionen brach die Tischgesellschaft in Gelächter aus, was einer von Rudis Spezis mit der Bemerkung quittierte:

„Die spinna, die Japana."

Rudi hatte die ganze Situation gar nicht richtig mitbekommen. Er war fasziniert von einer Japanerin, die, entgegen der Kleiderordnung, keine rote Mütze mit Stoffhänden trug und von dem Gelächter ihrer Landsleute völlig unberührt schien. Vielmehr starrte sie auf ein Ding in ihren Händen, das Rudi nicht richtig erkennen konnte. Als sie es auf den Tisch legte, dachte Rudi zuerst, es sei so eine Art Überraschungsei mit einer Kette zum Befestigen an einer Gürtelschlaufe.

Doch so weit er im Lärm des Bierzeltes etwas hören konnte, gab das Ei undefinierbare Geräusche von sich. So etwas hatte er noch nie gesehen. Irgendwie schien die Tochter der Morgenröte erhebliche Probleme mit dem Ding zu haben. Immer heftiger trommelte sie mit ihren Fingern auf die abgeflachte Vorderseite. Plötzlich stieß sie einen spitzen Schrei aus.

Mit hektischen Bewegungen und völlig aufgelöst, versuchte das Mädchen offenbar seinen Mitreisenden zu erklären, was vorgefallen war, um dann hemmungslos loszuheulen. Ein Gast am Nebentisch fragte besorgt einen der Japaner, was denn passiert sei.

„Her Tamagotchi died!" antwortete dieser.

„Was ist los!?" wollte Rudi wissen.

„Irgendoana is gstor´m!" meinte sein Spezi. *„Die spinna, die Japana!"*

Rudi konnte sich keinen rechten Reim auf die ganze Geschichte machen. Er bestellte eine frische Maß.

Einem Überraschungsei entschlüpft die Geschäftsidee

Am nächsten Tag öffneten Rudi und sein Bruder ihren Computerladen aus verständlichen Gründen erst gegen Mittag. Doch sobald Rudi wieder klar denken konnte, erinnerte er sich an diese merkwürdige Geschichte mit der Japanerin und ihrem Überraschungsei. Als er seinen Bruder fragte, erklärt ihm dieser, das Ei sei ein Tamagotchi, also eine Art Computerspiel aus Japan. Mehr wisse er auch nicht.

Also suchte Rudi im Internet Näheres über dieses rätselhafte Computerspiel im Hosentaschenformat. Zu seinem Erstaunen zeigte die Suchmaschine 66 Seiten aus aller Welt an, darunter fünf Einträge zu „Tamagotchi-Friedhöfen". Kopfschüttelnd klickte Rudi auf den Button „Wie es funktioniert." Er erhielt folgende Erklärungen:

Wie funktioniert das genau mit diesen Schreinen?

Der Friedhof ist in verschiedene Schreine unterteilt. In jedem dieser Schreine ist Platz für 100 Gräber (Ausnahme „Schrein des ersten Dutzend").

Wie kann ich ein neues Grab bestellen?

Klicke auf den „Gesuch"-Knopf und fülle das Formular aus!

Kostet es was, ein Grab zu bestellen?

Nein, es ist gratis.

Warum ist das Grab nicht sofort fertig?

Jedes Grab ist ein handgemachtes Kunstwerk.

Er fand noch mehr virtuelle Friedhöfe. Die meisten waren bereits voll. Auf manchen Seiten waren Nachrufe auf die elektronischen Freunde zu lesen, die einen zartbesaiteten Menschen zu Tränen rühren konnten. Rudi gelangte zur Einsicht, daß nicht nur die Japaner spinnen. Das Tamagotchi-Fieber schien eine weltweite Seuche zu sein, gab es da doch auch Einträge aus Großbritannien, Australien und den USA.

Andere hatten ihre eigene Homepage eingerichtet, auf der sie die Lebensgeschichte ihrer Tamagotchis erzählten, Bilder zeigten, wie ihr elektronischer Liebling auf dem Klo saß, und Tips gaben, wo man die neuesten und schönsten Tamagotchis kaufen konnte. Es gab Bücher über „Tams" und wissenschaftliche Aufsätze, die sich aus sozial-psychologischer Sicht mit dem Phänomen auseinandersetzten. Eine Seite faszinierte Rudi besonders:

Das Billgotchi

Ausschlüpfen

Nach der Installation von Windows (Version egal) dauert es nur ein paar Minuten, und der kleine digitale Quälgeist pellt sich aus seiner Shell. Keiner weiß genau, wie er aussieht. Aber er ist frech, hinterlistig und schwer erziehbar. Immer zu Streichen aufgelegt, hält das putzige Kerlchen den Mauszeiger fest, verwüstet den Schreibtisch seines Herrn oder schaltet heimlich die Grafikauflösung um. Selten sieht der Bildschirm so aus, wie man ihn verlassen hat, womit auch dem stursten Technik-Gläubigen klar sein müßte: Da drin lebt was!

Füttern

Kriegt Billgotchi nicht regelmäßig Happa-Happa, wird er sauer. Wer Hinweise über den Zustand seines Haustieres sucht, findet sie unter Einstellungen/Systemsteuerung/System/Leistungsmerkmale. Trotzdem sagen sie nichts aus. Gotchi täuscht gern mit der Auskunft „optimal konfiguriert" und benimmt sich dennoch daneben. Er kommuniziert mit spaßigen Botschaften wie „reagiert nicht" oder „die Anwendung ist überlastet." Gotchilein setzt drollige Buttons, auf denen etwa „Task beenden" steht, die aber trotzdem nicht funktionieren.

A-a

Besonders ulkig ist es, wenn der Kleine seine Platte vollkackt. Alle Nase lang läßt er riesige Stinkerhäufchen fallen, die mit einer unanständigen Wellenlinie beginnen und gern auf .tmp enden. Doch nicht immer sind die Abfälle so klar zu erkennen. Aber Obacht beim Aufputzen:

Billgotchi wird todkrank, wenn man eine seiner Lieblingsausscheidungen entsorgt!

Disziplin

Ein Haustier muß von Zeit zu Zeit ausgeschimpft werden. Bei Billgotchi heißen solche Strafen „Treiber". Die Freunde des kleinen Fieslings beschenken einen mit Unmengen dieser ausgefuchsten Dinger, aber sie sind so gebaut, daß sie vor allem „Herrchen aua" machen. Im Billgotchi-Kauderwelsch heißt das „veraltet" oder „schlampig programmiert".

Spielen

Um ein Tierchen muß man sich kümmern. In unvorhersehbaren Abständen macht Billgotchi auf sich aufmerksam und schickt Herrchen zum Gassigehen: Update kaufen! Und dann muß Herrchen stunden-, ja oft tagelang mit Billgotchi spielen. Und zwar nicht einfach bloß ein bißchen Knöpfe drücken, nein, das Repertoire ist enorm: Bücher kaufen (und lesen!), Hotlines anrufen (und dabei teure Musik hören!) oder gar (ehemalige) Freunde zu sich einladen, zum Mitspielen.

Licht ausmachen

Irgendwann muß auch Billgotchi schlafen gehen. Früher knipste man einfach mit dem dicken Schalter das Licht aus, aber seit Gotchi so hoch entwickelt ist, besteht er auf einem komplizierten Zu-Bett-Geh-Ritus. Aus unerfindlichen Gründen sagt er dazu „Herunterfahren" (in die Hölle?). Selten geht er gleich schlafen, sondern fragt noch dummes Zeug („Möchten Sie die Änderungen in ^ ^ #kwrxLT34_.b}% speichern?"). Bockig wird unser Liebling, wenn er alten Kram aus der SpielzeugDOSe bekommen hat. Dann nuschelt er todmüde zuerst „Anwendung beenden", ohne Herrchen das dazugehörige Geheimnis (Strg-Alt-Q oder so) zu verraten. Ein echtes Miststück wird Billgotchi, wenn man vor seinem Abendgebet etwa den Scanner ausschaltet: Dann läßt er sich nur mit roher Gewalt in die Heia zwingen, und keiner weiß, was für ein Monster er am nächsten Morgen ist!

Das Ende

Kann Billgotchi sterben? Die grausige Antwort: Nein! Irgend wie krabbelt er jedesmal wieder aus der Grube. Wie oft schon gab es Hoffnung, daß das alte Biest für immer über den Jordan ist, aber jedesmal brachte der Hersteller ein neues, noch bunteres, noch tolleres Billgotchi heraus, und die Seuche hielt an. Ja, sie erfaßt sogar beständig mehr Menschen. Abermillionen von Billgotchi-Herrchen haben die Kellerregale voll mit den alten Schachteln der teuren alten Versionen. Aber irgendwie ist er uns allen ja auch ganz arg ans Herz gewachsen, oder?

Abermillionen dieser Verrückten soll es geben? Da schoß Rudi eine geniale Idee durch den Kopf. Wer so fanatisch am Wohlergehen seines kleinen Lieblings hing wie das japanische Mädchen auf dem Oktoberfest, der müßte doch auch bereit sein, dafür ordentlich Geld auszugeben!

Tamagotchis einzukaufen, um sie dann im Computerladen weiterzuveräußern, erschien ihm nicht lohnend. Nein, seine Zielgruppe müßte die Tamagotchi-Gemeinde der ganzen Welt sein. Und wie könnte man diese besser erreichen als über das Internet? Er müßte nur eine Internet-Seite einrichten, auf der jeder Tamagotchi-Fan die Patenschaft für ein elektronisches Tierchen übernehmen kann.

Ferner müßte der Pate alle Dinge, die er benötigt, um die kleine Nervensäge bei Laune zu halten, auf seinen Internetseiten kaufen. Rudi sah vor seinem geistigen Auge ein ganzes Tamagotchi-Warenhaus, in dem der Pate nach Herzenslust Spielzeug, Futter usw. einkaufte. Und Rudi kassierte.

Die Idee wird flügge

Die Umsetzung dieser genialen Idee duldete keinen Aufschub, bestand doch die Gefahr, daß irgendwo auf der Welt ein anderer auf den gleichen Gedanken kommt.

Also fragte Rudi jeden, der das Internet-Café betrat, ob er ihm nicht einige Seiten im HTML-Format programmieren könnte. Leider sind die Gäste durchweg reine „Internet-Surfer", die gerade die Maus bedienen und Lesezeichen abspeichern können.

Doch am Abend betrat „Homepage-Eddy" den Laden. Dieser entsprach dem Idealbild des Computerfreaks.

Eddy trug eine dicke Brille, Modell Panzerglas, die zumindest einen Teil seiner Pickel verdeckte, dazu immer das gleiche karierte Hemd. An seinem Gürtel baumelte ein Anhänger mit derartig vielen Schlüsseln, daß man meinen konnte, er arbeite hauptberuflich für einen Schlüsseldienst oder als Einbrecher. „Homepage-Eddy" war im ganzen Viertel als begnadeter Programmierer von Internetseiten bekannt. Natürlich hatte er zu Hause einen Rechner vom Allerfeinsten stehen, auf dem er für mittelständische Firmen Internetauftritte konzipierte und programmierte.

Ins Internet-Café kam er nur, um Gleichgesinnte zu treffen, da er sich in Discos oder Kneipen immer etwas deplaziert fühlte. Hier bei Rudi und seinem Bruder wußte er, daß er der heimliche Star der Surfer war. Wenn er wieder einmal eine seiner Kreationen ins Netz gestellt hatte, zeigte er diese stolz den andächtig staunenden Internet-Fans. Dann wurde der sonst so stille Eddy zu einem Walter Jens des HTML-Chinesisch.

Eloquent erzählte er von den kniffligen Aufgabenstellungen und wie er sie trotz aller Widrigkeiten gelöst hatte. Krönender Abschluß jeder Demonstration war die Einweihung der lauschenden Café-Besucher in die Geheimnisse seiner Internet-Seiten. Jede seiner Seiten hatte eine geheime Stelle, die nur er kannte und die man nur durch Zufall anklicken konnte. Geschah dies, so passierten merkwürdige Dinge auf dem Bildschirm.

Homepage-Eddy

Der sonst freundlich lächelnde Inhaber eines renommierten Autohauses verdrehte plötzlich die Augen. Auf einer Textseite zerbröselten alle Vokale und rieselten auf den unteren Rand des Bildschirms, so daß nur noch ein unleserlicher Text übrig blieb.

Natürlich wußten seine Auftraggeber nichts von der „Sonderfunktion." Doch dieses kleine Vergnügen gönnte sich Homepage-Eddy nun einmal, und es trug zu seinem legendären Ruf bei.

Als Rudi unseren Homepage-Eddy in seine Pläne einweihte, war dieser sofort Feuer und Flamme. Ein Tamagotchi zu programmieren, war eine Herausforderung ganz nach seinem Geschmack. Da er zu diesem Zeitpunkt ohnehin keinen Auftrag hatte, versprach er, gleich morgen mit der Site zu beginnen. Die Tamagotchi-Gemeinde sollte schon neugierig gemacht werden, was sie demnächst in Rudis „Bavarian Tamagotchi 2000" erwartete.

Mit diesem Namen sprach er zum einen alle Amerikaner, Japaner und sonstigen Fans bayerischer Lebensart auf dem gesamten Globus an und grenzte sich gleichzeitig von anderen Internetseiten ab. Der Hinweis auf das Jahr 2000 sollte zeigen, daß in Bayern, entgegen öfters geäußerter Behauptungen, die Uhren auch nicht anders gingen und daß auch dort der Jahrtausendwechsel vor der Tür stand.

Rudi überlegte, wie er die Besucher seiner Seite am besten abzocken könnte. Er mußte einen Anreiz schaffen, daß sie für die Patenschaft des Tamagotchis einen ansehnlichen Betrag auf sein Konto überwiesen. Dann wollte er sie dazu bringen, möglichst viel in seinem Warenhaus für ihren kleinen Liebling einzukaufen. Eddy mußte ein recht anspruchsvolles Tierchen programmieren, das sich sofort von seinem elektronischen Leben verabschiedete, wenn es nicht ständig mit teuren Produkten aus dem Warenhaus versorgt wurde. Diejenigen, die ihr Tamagotchi mit allerlei Futter und Spielzeug bei Laune und am Leben hielten, sollten einen Preis gewinnen.

Gefängnisse sind nicht das Allheilmittel für EDV Probleme.

Entsprechend dem Titel seiner Homepage sollte derjenige, dessen Tamagotchi am 31.12.99, 23:59 Münchner Zeit am glücklichsten war, den „Tamagotchi Millenium Award" erhalten. Ihm würde dann zusammen mit seinem Tierchen eine eigene Seite mit Fotos und Lebensgeschichte des Paares gewidmet, womit beide weltweite Berühmtheit erlangen könnten. Außerdem würden sie eine Einladung nach München für das Oktoberfest 2000 erhalten. Wenn das kein Anreiz war! Natürlich mußte Homepage-Eddy das Tamagotchi so programmieren, daß es um so glücklicher ist, je mehr Spielzeug und Futter es bekam. Rudi war ganz sicher, daß er sich damit seinen Kindheitstraum, ohne Anstrengung viel Geld zu verdienen, verwirklichen konnte.

Der virtuelle Sepp im Internet

Die nächsten Wochen verbrachten Rudi und Eddy Tag und Nacht vor dem Computer. Auch sie waren nun vom Tamagotchifieber befallen. Eddy dachte an seinen weltweiten Ruhm als Internet-Programmierer, Rudi an die ersten Überweisungen. Schließlich war es geschafft, die Seiten waren fertig und ins Internet gestellt. Der Besucher wurde auf der Homepage willkommen geheißen. Diese zeigten die weltberühmten Motive, die man in aller Welt mit München und Bayern verband: die Frauenkirche, Schloß Neuschwanstein, die Berge und natürlich das Oktoberfest.

Die Tamagotchis, für die eine Patenschaft übernommen werden konnte, hießen Sepp, Hans oder Zenzi und trugen Lederhose oder Dirndl, wie man sich eben in der weiten Welt die Bayern vorstellt. Rudi und Eddy hatten wirklich kein Klischee ausgelassen, sollte doch ein Surfer aus Texas oder Tokio eben sofort erkennen, wo er sich gerade eingeklickt hatte. Im Kaufhaus sind neben dem normalen Futter auch bayerische Schmankerl wie Weißwürste, Brez´n und Bier zu erstehen. Diese waren zwar am teuersten (Rudi hatte mit Oktoberfestpreisen kalkuliert), dafür machten sie das Tamagotchi aber auch besonders glücklich. Und darum ging es ja schließlich.

Der Weg zum Internet-Millionär – eine Erfolgsstory

*Meldet sich das Tamagotchi nachts um drei,
ist dies Rudi Zocker einerlei.
Er zählt nur das Geld,
das da kommt aus aller Welt.*

Wie von Rudi ersonnen, hatte Homepage-Eddy die Patenkinder so programmiert, daß sie recht grantig werden konnten, wenn sie nicht mindestens einmal am Tag eine Maß Bier vorgesetzt bekamen. Eine Woche ohne Gerstensaft ließ ihre Lebensenergie bedrohlich schwinden, so daß sie nur noch ein Weißwurstfrühstück retten konnte.

Wurden sie allerdings gut versorgt, und fühlten sie sich richtig wohl, so zeigten sie das ihrem Paten durch einen kräftigen Jodler an. Einmal in der Woche zog es Sepp und Zenzi in die Berge. Pech für einen Paten aus Übersee, doch er muß im Reisebüro des Kaufhauses ein Flugticket nach München erwerben.

Aber damit nicht genug. Von München aus war zunächst die Zugfahrt nach Garmisch zu bezahlen und von dort die Fahrt mit der Zugspitzbahn. War der Pate zu knauserig für diesen Ausflug, starb sein Tamagotchi an Heimweh und der Traum vom „Tamagotchi Millenium Award" war ausgeträumt. Allerdings hatte der unglückliche Pate ja noch die Möglichkeit, eine neue Patenschaft zu übernehmen.

Wie glücklich das Tamagotchi war und ob andere vielleicht noch glücklicher waren, zeigte eine Tamagotchi-Glücksliste an, in der alle Paten mit ihren „Kindern" eingetragen waren. Diejenigen, die ganz oben auf der Liste standen, bekamen ein Lob für ihre vorbildliche Fürsorge ausgesprochen, die Schlußlichter, deren Tamagotchis schon krank vor Heimweh oder halb verhungert waren, wurden als Rabeneltern empfindlich getadelt. Unter der Liste lief eine Uhr, welche die verbleibenden Sekunden, Minuten, Stunden und Tage bis zum Stichtag des „Tamagotchi Millenium Award" anzeigte.

Rudi und Eddy betrachteten ihr gelungenes Werk voller Stolz. Jetzt galt es nur noch abzuwarten, bis die ersten Überweisungen eintrafen.

Und tatsächlich, schon am ersten Tag konnten sie 20 Paten zählen, nach einer Woche waren es über 200, und nach einem Monat hatten fast 1000 aus aller Welt eine Patenschaft übernommen.

Auch der Umsatz der Warenhauses stieg kräftig an, und dabei waren es noch viele Monate bis zum Jahrtausendwechsel.

Die Tatsache, daß zusätzlich viele Surfer einfach bei „Bavarian Tamagotchi 2000" vorbeischauten, brachte Rudi auf eine neue Idee. Er wandte sich an Hersteller von Computerspielen, insbesondere natürlich von Tamagotchis, um ihnen seine Seiten als Werbeträger anzubieten. Diese waren offenbar von dem Konzept und den Besucherzahlen recht angetan, so daß Rudi fünf Banner mit der Werbung von Spieleherstellern aus Deutschland, den USA und Japan auf seinen Seiten unterbringen konnte.

Sein Monatsumsatz hat die 100.000 DM-Grenze schnell überschritten.

Rudi ist guten Mutes, bis zum Jahr 2000 die erste Million zu verdienen. Natürlich will er auch nach dem Jahrtausendwechsel die einträgliche Einnahmequelle weiterbetreiben. Nur muß er den ausgelobten Preis umbenennen und statt des Jahreswechsels einen neuen Stichtag suchen.

Doch auch da hat er schon eine Idee. Ab dem Jahr 2000 gibt es den „Tamagotchi Octoberfest Award" für denjenigen virtuellen Sepp zu gewinnen, der beim Bieranstich durch den Münchner Oberbürgermeister auf dem Oktoberfest am glücklichsten ist.

Fazit

Wie Sie sehen, kann man auch ohne langjährige Ausbildung gutes Geld verdienen. Die neuen Medien und insbesondere das Internet bieten im kommenden Jahrtausend dazu ungeahnte Möglichkeiten. Falls ihr Sprößling lieber im Internet surft oder seine Zeit mit Computerspielen verbringt, als Vokabeln zu lernen und Hausaufgaben zu machen, lassen sie ihn ruhig gewähren. Vielleicht verdient er später mit dem Internet seine Millionen, statt als Bankangestellter nur das Geld anderer Leute zu verwalten. Sollte sich dieser Weg als zu schwierig erweisen, bleibt ja immer noch die Möglichkeit einer Karriere als MTV- oder Viva-Moderator.

Wann müssen Sie zum Internet-Psychiater?

... Wenn Sie den Gang zur Toilette als Herunterladen bezeichnen.

... Wenn Sie zwei Jahre länger studieren, weil Sie dort einen kostenlosen E-Mail-Zugang haben.

... Wenn Ihre Telefonrechnung samt Verbindungsaufstellung in einem Paket kommt.

Psychiater sind Ärzte, die Leid mit Freud vertreiben wollen.

Mind Mapping – der Baum der Erkenntnis

Mind Mapping – was ist das?

Kreativität ist heutzutage ein Modewort, das nicht mehr nur im künstlerischen oder im Werbebereich verwendet wird – auch in den öffentlichen Sprachschatz ist es längst eingegangen. Unsere industrialisierte Gesellschaft benötigt Kreativität in allen menschlichen Lebensbereichen. Man könnte fast sagen, daß wir einen großen Nachholbedarf an kreativen Ideen haben. Denken Sie nur an einige „große" Themen: Überbevölkerung, Umwelt, Verkehr...

Jedoch auch in Ihrem persönlichen Bereich ist Kreativität immer mehr gefragt: Schließlich leben wir in einer Gesellschaft, in der wir ständig aufgefordert sind, unser Alltags- und Arbeitsverhalten neu zu überdenken und zu verändern, um es auf geänderte Bedingungen einzustellen. Auch die Fähigkeit, in diesem Zusammenhang flexibel und dynamisch zu reagieren und zu handeln, ist ein Bestandteil von kreativem Denken. Wenn Sie zu dieser Art der Kreativität fähig sind, haben Sie heute die allerbesten Chancen. Kinder besitzen von Natur aus Kreativität, während das Denken Erwachsener durch Erziehung und angelernte Verhaltensweisen immer starrer wird. Dem läßt sich jedoch entgegenwirken; Kreativität kann erlernt werden.

Natürlich hat niemand Ideen aus dem Nichts heraus, auch wenn es bei erfahrenen „Kreativen" so scheinen mag. In Wirklichkeit muß jede Idee geboren werden, und das kann ein mühsamer und auch schmerzlicher Vorgang sein. Es ist dazu notwendig, sich intensiv mit einem Thema auseinanderzusetzen. Hat man die Idee einmal gefunden, wird man ganz selbstverständlich mit ihr umgehen, so daß man vergessen mag, wie schwierig die „Geburt" war. Man kann sich den „Geistesblitz", die kreative Idee, ungefähr als einen Kampf, der in unserem Gehirn stattfindet, vorstellen. In diesem Kampf kollidieren die wahllosen Signale des Gehirnstamms mit den organisierten Signalen der Gehirnrinde. In diesem Kampf gibt es viele Verluste. Komplexe Informationsstrukturen, die wir als Wissen bezeichnen, werden von den chaotischen Reizen des Gehirnstamms zertrümmert. Dabei treten „Umwandlungen" in den Gedankenstrukturen auf, aber auch ganz neue Strukturen. Auf diesem Schlachtfeld entsteht das, was man im allgemeinen als „Kreativität" bezeichnet. Zum einen erhöht sich die Kreativität mit wachsendem Wissen und wachsender Erfahrung, zum anderen erleidet sie auch Verluste, da jede neue Idee um ihren Platz zwischen den synaptischen Verbindungen Ihres Gehirns kämpfen muß. Beim bloßen „Gedankenspiel" können Ihnen also sehr viele Ideen verloren gehen. Daher gibt es verschiedene Methoden zur Kreativitätstechnik, z. B. das Mind Mapping. Mind Mapping ist quasi ein Brainstorming mit sich selbst, das auch für andere sichtbar gemacht werden kann. Mit dieser genauso erfolgreichen wie zeitsparenden Visualisierungsmethode können Sie

- Informationen rasch darstellen bzw. erfassen,
- Situationen und Probleme schnell analysieren und
- Aufgaben zeitig planen und besser organisieren.

Je häufiger die Mind Mapping-Methode angewandt wird, desto deutlicher werden die Vorteile im Vergleich zum linear strukturierten Konzept. Außerdem ist Mind Mapping kinderleicht anzuwenden. Die einzige Schwierigkeit dabei ist eigentlich unsere „Schulweisheit", da in der Schule und im späteren Berufsleben systematisch das lineare Denken der linken Gehirnhälfte trainiert wird. Auf Kreativität, Intuition wird dabei oft wenig Rücksicht genommen. Die „Erfinder" der Mind Mapping-Methode, Tony Buzan und Peter Russell, gingen vom Denkprozeß im menschlichen Hirn aus. Dieser Prozeß geht recht chaotisch vonstatten. Das menschliche Gehirn arbeitet im Gegensatz zu einem elektronischen „Hirn", einem Computer, nicht einfach und linear, sondern komplex und stark vernetzt. Beide Prozesse, sowohl das Vorgehen eines Computers als auch das eines organischen Gehirns, lassen sich auf einem Stück Papier simulieren.

Nehmen wir an, Sie möchten umziehen. Dabei muß natürlich viel beachtet werden. Damit Sie nichts vergessen, wollen Sie sich Notizen auf einem Stück Papier machen. Die erste Vorgehensweise ließe sich simulieren, indem man folgende Notizen auf einem Blatt Papier oder auch im PC machte:

> **Umzug**
>
> Neue Wohnung renovieren
> Bodenleger beauftragen
> Wohnsitz anmelden
> Telefon ummelden
> Möbel entsorgen
> Möbel kaufen
> Möbelspedition?
> Alte Wohnung renovier[en]

Eine lineare Liste eignet sich weniger gut, um komplexe Gedanken festzuhalten.

Sie haben damit Ihre Gedanken in eine lineare Form gezwungen. Viele Ideen, die nicht in die hierarchische Struktur paßten, sind dabei vielleicht verlorengegangen.

Andere, vielleicht weniger gute oder weniger wichtige Ideen wurden festgehalten, eventuell nur, weil sie sich gut in die hierarchische Struktur einpassen.

Wenn Sie die Arbeit des menschlichen Gehirns am gleichen Thema auf einem Stück Papier simulieren möchten, erhalten Sie vielleicht das Ergebnis auf der folgenden Abbildung.

Diese Form, seine Gedanken und Ideen aufzuschreiben, nennt man Mind Mapping. Das Ergebnis ist ein sogenanntes Mind Map. Wahrscheinlich erkennen Sie die Vorteile des Mind Maps sofort:

Sobald Sie eine neue Idee haben, egal zu welchem Thema, können Sie diese in Ihre Aufzeichnungen integrieren, ohne die Struktur zu zerstören.

Bei einer linearen Form der Aufzeichnung ist das oft nicht möglich, besonders, wenn Unterpunkte vorhanden sind.

Sie können Ihre Gedanken frei schweifen lassen und beginnen beziehungsweise aufhören, wo Sie wollen.

Jeder Gedanke erhält einen eigenen Zweig. Die nachfolgenden Gedanken werden als neue Zweige angehängt. Der ursprüngliche Zweig wird als Ast identifiziert.

Die Verzweigung kann fortgesetzt werden, so lange Sie möchten, und zu einem späteren Zeitpunkt neu arrangiert werden.

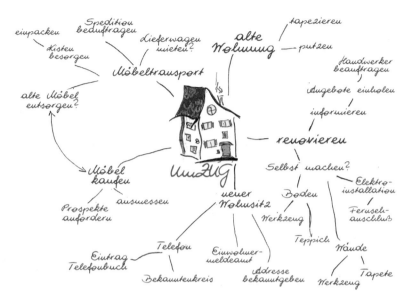

Die Mind Mapping-Methode entspricht der Arbeitsweise des menschlichen Gehirns.

Die Hauptgebiete in Ihrem Problem oder Projekt sind die Hauptäste, die direkt mit der zentralen Thema-Grafik Ihrer Mind Map verbunden sind. Während der Entwicklung einer Mind Map entsteht ein ganzer Baum, der alle Ihre Gedanken zeigt und besonders die Verbindung zwischen ihnen hervorhebt.

Der Controller, seine Frau und die Aufsichtsratssitzung – ein Beziehungsdrama

Der Controller

„Ordnung ist das halbe Leben" könnte das Lebensmotto von Ernst Kleinschmitt lauten. Was die andere Hälfte sein soll, ist Herrn Kleinschmitt noch nicht ganz klar geworden.

Der Volksmund nennt ja die Ehefrau die „bessere Hälfte", doch auch daran hat Kleinschmitt gewisse Zweifel. Herr Kleinschmitt hatte seine Angetraute bereits an der Universität kennengelernt. Sie waren beide in der gleichen Lerngruppe und hatten nur ein Ziel: ein sehr gutes Examen bauen und dann Karriere machen.

*Ernst Kleinschmitt, Controller:
im Gegensatz zu Terroristen hat er keine Sympathisanten.*

Und in irgendeiner der vielen Nächte, in der sie sich auf die anstehenden Prüfungen vorbereiteten, sind sie sich näher gekommen. Anfangs waren beide noch etwas zögerlich, da sie befürchteten, ihre Konzentration auf die Examensvorbereitungen könnte unter einem Zuviel an Emotionen leiden.

Doch dann stellten sie fest, daß das gemeinsame Lernen unter Amors Flügeln viel leichter vonstatten ging. Entsprechend bestanden beide ihre Prüfungen mit Auszeichnung, und auch der erste Job war ganz nach ihren Wünschen.

Noch vor ihrem Eintritt ins Berufsleben besiegelten sie ihre erfolgreiche Kooperation durch den Bund der Ehe und belohnten sich mit einer standesgemäßen Hochzeitsreise in die USA. Nachdem der Honeymoon vorbei war und der Berufsstreß beide fest im Griff hatte, wurde bald klar, daß eine gemeinsame Karriereplanung nicht möglich war.

Wenn Frau Kleinschmitt ausnahmsweise schon um acht Uhr nach Hause kam, hatte er noch wichtige Termine, die ihn bis zehn Uhr im Büro hielten. Konnte Herr Kleinschmitt sich früher freimachen, mußte seine Frau Überstunden schieben. Da sich beide bestenfalls noch am Wochenende mehr als zwei Stunden sahen, beschlossen sie, daß einer von beiden seinen Job an den Nagel hängen mußte.

Wie in guten Ehen so üblich, war sie die Klügere und gab nach. Da sie ihm nun als diplomierte Hausfrau die alltäglichen Sorgen und Besorgungen abnahm, konnte er sich vollkommen auf seine Karriere konzentrieren und erreichte erst vor kurzem deren (vorläufigen?) Höhepunkt: Er wurde zum Leiter des Rechnungswesens und Controllings einer Bank in Frankfurt am Main befördert.

„Willkommen in Ihrem neuen Büro!"

Wie man seine Kompetenz unter Beweis stellt

Als er am ersten Tag vor sein neues Büro trat, verweilte er zunächst vor der Türe. Einmal, um das Schild neben dem Eingang auf die korrekte Schreibweise seines Namens zu überprüfen. Immer wieder erhielt er Schreiben an „Herrn Kleinschmidt" oder „Herrn Kleinschmied", was ihn regelmäßig ärgerte. Doch an dem Namensschild gab es nichts auszusetzen. In goldenen Lettern auf schwarzem Marmor prangte

„Diplom-Kaufmann Ernst Kleinschmitt – Leiter Rechnungswesen und Controlling".

So weit, so gut. Dann wartete er aber auch, daß ihm jemand die Tür aufhielt. Denn seine Frau hatte ihm ausdrücklich eingeschärft, daß er als Hauptabteilungsleiter auf keinen Fall selbst die Türen öffnen dürfe - dafür gäbe es schließlich subalterne Mitarbeiter.

Auch in diesem Punkt wurde er nicht enttäuscht. Mit einem fröhlichen „Guten Morgen, Herr Kleinschmitt. Willkommen in Ihrem neuen Büro!" öffnete sein neuer Assistent die schwere Eichentüre, die ihn in seines neues Reich führte.

Bislang war er nur Besucher in dieser heiligen Halle gewesen, doch ab jetzt würde er auf der anderen Seite des beeindruckenden Schreibtisches sitzen.

Er nahm auf dem fast überdimensionierten Ledersessel Platz, bat seinen Assistenten, die Türe von außen zu schließen, streckte die Beine aus und verschränkte die Arme hinter dem Kopf: Geschafft!

Also hatte die jahrelange harte Arbeit doch zu ihrem Ziel geführt. Er hätte noch stundenlang weiter schwelgen können, wenn ihn nicht die Stimme seiner Sekretärin aus seinen Träumen gerissen hätte:

„Herr Kleinschmitt, darf ich Ihnen das Schreiben vom Vorstand ´reinbringen?" hörte er aus der Sprechanlage.

„Ja, kommen Sie nur!"

Er richtete sich auf, zupfte Anzug und Krawatte zurecht und wartete auf das Eintreten seiner neuen Sekretärin. Das Schreiben des Vorstandes, das sie ihm mit einem bezaubernden Lächeln überreichte, begann zunächst ganz harmlos:

CREDITBANK

Sehr geehrter Herr Kleinschmitt,

herzlichen Glückwunsch zu Ihrer neuen Position. Als Leiter der Hauptabteilung Rechnungswesen und Controlling unserer Bank wünschen wir Ihnen viel Erfolg und hoffen auf eine gute Zusammenarbeit.

Wie Sie wissen, hat sich die Umwelt für Banken in den letzten Jahren beträchtlich geändert: stagnierende Märkte und steigender Wettbewerbsdruck führen tendziell zu gedrückten Preisen und sinkenden Erträgen. Ein Ausweichen auf ausländische Märkte führte zu einem enttäuschenden Ergebnis: Die Risiken haben sich für unser Haus erheblich erhöht, ohne daß ein signifikant höherer Gewinn erzielt werden konnte. Länder und ganze Ländergruppen - denken Sie an Südostasien - gerieten in Zahlungsprobleme. Neben den Risiken im Auslandsgeschäft verschärfte die wachsende Anzahl von Insolvenzen im Inlandsgeschäft unsere Risikolage. Die Bewältigung dieser Probleme steigert die Anforderungen an das Bankmanagement, das zur Verbesserung seiner Entscheidungsqualität zielgerichtete Informationen benötigt.

Die Antwort auf die erhöhten Anforderungen an das Informationssystem ist der Ausbau des Rechnungswesens zum Controlling. Ihr Vorgänger stand dieser Notwendigkeit eher skeptisch gegenüber, doch wir erwarten von Ihnen, uns ein Controlling-Konzept zu unterbreiten, das Sie dann auf unserer diesjährigen Aufsichtsratssitzung vorstellen werden. Da nun auch die EDV-Abteilung in Ihrem Zuständigkeitsbereich liegt, bitten wir Sie, dafür Sorge zu tragen, daß der Jahrtausendwechsel EDV-technisch reibungslos ablaufen kann. Auch darüber werden Sie in der Aufsichtsratssitzung berichten.

Gez.
Der Vorstand

Das Schreiben der Geschäftsleitung

Herr Kleinschmitt atmete tief durch und bemerkte, daß er beim Lesen des Schreibens der hohen Herren ganz feuchte Hände bekommen hatte. Das waren ja zwei richtige Herkulesaufgaben, die er da innerhalb weniger Wochen zu lösen hatte! Die Sache mit dem Controlling-Konzept erschien ihm realisierbar, doch von EDV besaß er allenfalls rudimentäre Kenntnisse. Bis jetzt hatte er sich darüber gefreut, daß er auch Chef der EDV-Abteilung war, schließlich erhöhte dies seinen Status und sein Gehalt. Nun mußte er feststellen, daß sich sein Blutdruck erhöhte, wenn er an die EDV-technische Lösung der Jahr-2000-Problematik dachte.

Er konnte sich nur darauf verlassen, daß seine EDV-Mitarbeiter wußten, was sie zu tun hatten. Allerdings durfte er sich gegenüber seinen Untergebenen kein Blöße geben. Er überlegte krampfhaft, wie er eine Kompetenz, die er gar nicht besaß, unter Beweis stellen konnte.

Da erinnerte er sich an sein Studium, in dem er einen Grundkurs in COBOL-Programmierung belegt hatte. Zur Überprüfung der Programmierung hatte er sich regelmäßig das Programm ausdrucken lassen – „listing" hieß das wohl. Er griff zum Telefonhörer und wählte die Nummer der EDV-Abteilung.

„Guten Tag. Hier Kleinschmitt. Wir müssen die Jahr-2000-Fähigkeit unserer Programme überprüfen. Bringen Sie mir doch bitte ein Listing der Programme, die Sie selbst geschrieben haben."

„OK. Aber der Ausdruck wird etwas dauern."

„Kein Problem. Ich warte!"

Nach fünf Stunden klopfte es an der Tür, und ein 1½ Meter hoher Papierstapel auf zwei Beinen trat ein.

„Wo kann ich es abstellen?" fragte der Papierstapel.

„Legen Sie es einfach auf meinen Schreibtisch."

„Wo kann ich es abstellen?"

Der Papierstapel wankte auf den Schreibtisch zu und landete mit einem Plumps vor Herrn Kleinschmitts Nase. Mit einem tiefen Seufzer der Erleichterung tauchte hinter dem Berg von Endlospapier ein hochroter Kopf auf, der sich mit „Peter Schmidt mit dt, EDV-Abteilung" vorstellte.

„Angenehm, Kleinschmitt mit tt."

Nachdem man sich auf die Schreibweisen der Namen verständigt hatte, bat Herr Kleinschmitt Herrn Schmidt, vor dem Schreibtisch Platz zu nehmen. Mit Kennerblick musterte Herr Kleinschmitt die oben aufliegende Seite, riß diese ab, setzte sich auf seinen Stuhl und begann halblaut zu lesen.

Herr Schmidt auf der anderen Seite des Stapels konnte nur ein undeutliches Gebrabbel hören, das hin und wieder vom Ausdruck „Print" unterbrochen wurde. Dieses Wort sprach Herr Kleinschmitt laut und deutlich aus, um anschließend wieder in ein nicht identifizierbares Genuschel zu verfallen. Völlig zu Recht vermutete Herr Schmidt, daß dies das Einzige war, was sein neuer Chef von den Befehlen im Programm verstand. Nach etwa einer halben Stunde hatte Herr Kleinschmitt etwa fünf Zentimeter des Stapels abgearbeitet und jeden „Print"-Befehl fein säuberlich aufgespürt.

Da fiel ihm plötzlich ein unerklärliches Rasseln von der anderen Seite des Papierturms auf. Als er sich zur Seite lehnte, sah er, wie sein Mitarbeiter mit vor dem Bauch gefalteten Händen und dem Kinn auf der Brust sanft in Morpheus' Armen schlummerte. Offensichtlich hatte ihn der Transport des Listings von der EDV-Abteilung bis ins Chefzimmer ordentlich geschlaucht. Herr Schmidt war ja auch Computerspezialist und kein Möbelpacker. Daher wollte Herr Kleinschmitt sich als verständnisvoller Chef erweisen und weckte seinen Mitarbeiter mit einem sanften, aber nachdrücklichen Räuspern.

„Herr Schmidt. Ich habe bislang noch keinen Fehler im Programm entdecken können, der die Jahr-2000-Fähigkeit gefährden würde. Überprüfen Sie die Programme doch weiter und setzen Sie alle personellen Ressourcen dafür ein. Die Aufgabe hat oberste Priorität und muß bis zur Aufsichtratssitzung abgeschlossen sein!"

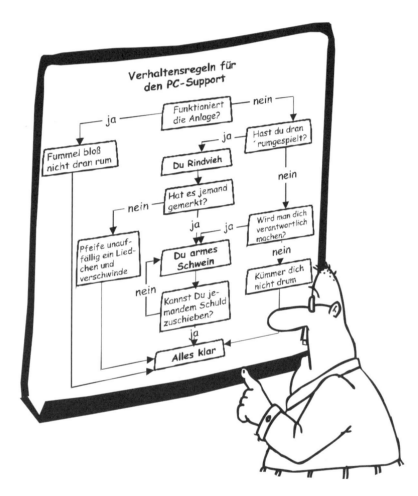

Verstanden: Beim Computer müssen Sie immer das Gegenteil von dem tun, was Sie sollen.

Noch im Halbschlaf nickte der Angesprochene, stand langsam auf und verabschiedete sich von seinem Chef, um sich dann aus dem Zimmer zu trollen. Als er an der Türe stand, ereilte ihn von hinten ein Ruf:

„Ach, Herr Schmidt, könnten Sie das Listing wieder mitnehmen..."?

So, die Bearbeitung der ersten Aufgabe war also angestoßen, seine Kompetenz auch bei der EDV-Abteilung unter Beweis gestellt – und das alles am ersten Tag als neuer Hauptabteilungsleiter.

Seine Frau würde mit Sicherheit stolz auf ihn sein, wenn er ihr davon erzählen würde, wie geschickt er die „Erbsenzählerei" an seine Untergebenen delegiert hatte. Nun konnte er sich der Entwicklung des Controlling-Konzepts zuwenden, eine Herausforderung, die wenigstens seiner Qualifikation und Stellung entsprach.

Wie man zum grauen Star wird

Als Herr Kleinschmitt am Abend mit dem Lächeln des Erfolges auf den Lippen nach Hause kam und seiner Frau vom ersten Tag berichtete, wurde seine Erwartung nicht enttäuscht. Sie bestärkte ihn in seiner Ansicht, daß er sich möglichst vieler Aufgaben entledigen sollte.

„Gute Chefs zeichnen sich dadurch aus, daß sie hauptsächlich delegieren und kontrollieren!" dozierte sie. *„Du hast in den letzten Jahren genug geackert, jetzt ist es an der Zeit, die anderen arbeiten zu lassen! Übrigens... weißt Du eigentlich, daß wir schon seit fünf Jahren nicht mehr im Urlaub waren? Ich denke, jetzt wäre der richtige Zeitpunkt, ein wenig auszuspannen und Deine Beförderung zu feiern. Ich habe heute im Reisebüro einige Prospekte besorgt. Wir müssen unser Reiseziel nur noch auswählen. Mir würde die Toskana am besten gefallen "*

Das Siegerlächeln verschwand aus Kleinschmitts Gesicht. Verzweifelt versuchte er einzuwenden, daß er bis zur Aufsichtsratssitzung noch viel Arbeit zu erledigen hatte. Doch er wußte genau, daß dies lediglich ein Rückzugsgefecht darstellte. Wenn seine Frau beschlossen hatte, in der Toskana Urlaub zu machen, dann war daran nichts zu ändern – zu Hause war sie die Chefin.

„Also gut, ich kann mir ja noch ein paar Unterlagen mit in den Urlaub nehmen."

„Auf gar keinen Fall! Du wirst die drei Wochen auch ohne Arbeit überleben!"

Herr Kleinschmitt fand, daß seine Frau ja eigentlich recht hatte und fügte sich in sein Schicksal. Doch in der nachfolgenden Nacht hatte er einen unangenehmen Traum:

Es war der Tag der Aufsichtsratssitzung, er war in seinem Büro und stellte entsetzt fest, daß er splitternackt war. Er mußte seine Kleider zu Hause vergessen haben. Als er versuchte, seine Frau anzurufen, die ihm seinen Anzug vorbeibringen sollte, meldete sich zu Hause nur der Anrufbeantworter. Da fiel ihm ein, daß seine Frau noch im Urlaub in der Toskana war. Es waren nur noch wenige Minuten bis zur Sitzung, und er schaute sich verzweifelt in seinem Büro um. Da entdeckte er einen Stapel Endlospapier auf seinem Schreitisch – seine letzte Rettung. In mehrere Meter Papier gehüllt, erschien er vor den Herren Vorständen und Aufsichtsräten, um sein neues Controlling-Konzept vorzustellen...

Als er schweißgebadet am nächsten Morgen aufwachte, beschloß er, die Anweisung seiner Frau, auf keinen Fall Unterlagen mit in den Urlaub zu nehmen, heimlich zu unterlaufen.

Nachdem er in der Bank seinen Urlaubsantrag eingereicht hatte, holte er sich aus der Bibliothek einige Bücher zum Thema Controlling und begann darin zu blättern. Nach einigen Stunden hatte er zwar mehrere Zettel mit Notizen bekritzelt, doch eine richtig zündende Idee fiel ihm nicht ein. Die Ausführungen in den Büchern waren einfach zu abstrakt, um daraus ein konkretes Konzept für seine Bank stricken zu können. Also wandte er sich wieder seiner anderen Aufgabe zu: der Lösung des Jahr-2000-Problems.

Da ein bißchen Bewegung nicht schaden konnte, beschloß er, der EDV-Abteilung seinen Antrittsbesuch abzustatten. Gleichzeitig konnte er sich so vergewissern, wie weit die Überprüfung der Programme fortgeschritten war. Unterwegs traf er auf zwei

Männer, die mit ihren karierten Hemden unschwer als EDV-Mitarbeiter zu identifizieren waren. Sie schienen nicht zu bemerken, daß er hinter ihnen lief, und so konnte er ihr Gespräch mithören:

„Hast Du eigentlich schon unseren Grauen Star gesehen?"

„Grauer Star? Wer soll den das sein?"

„Na, unser neuer Chef. Der Schmidt war bei ihm und hat ihm den Namen verpaßt: blasses Gesicht, graue Haare, grauer Anzug und furchtbar unnötig. Der hat von der EDV soviel Ahnung wie eine Kuh vom Orgelspielen! Hat Dir der Schmidt nicht erzählt, wie der Graue Star das Listing überprüft hat?"

Herr Kleinschmitt fühlte sich wie von einer Keule getroffen. Benommen blieb er stehen, während die beiden in einem Zimmer verschwanden. Was würde ihm seine Frau in dieser Situation raten? Nein, von diesem Gespräch durfte er ihr nichts erzählen.

„Grauer Star..." Wie unverschämt. Nur weil er nicht in karierten Hemden und T-Shirts durch die Gegend lief! Allmählich wich die Benommenheit einem gesunden Gefühl des Ärgers, und mit forschen Schritten betrat er die EDV-Abteilung, ohne anzuklopfen. Nachdem er sich kurz vorgestellt hatte, bat er die gesamte EDV-Abteilung an einen Tisch, um mit ihnen das weitere Vorgehen hinsichtlich der Jahr-2000-Problematik zu besprechen. Als er seine Mitarbeiter aufforderte, Vorschläge zu unterbreiten, meldete sich einer der beiden Männer, die er vorher auf dem Gang getroffen hatte.

„Wir könnten alle Rechner im laufenden System auf den 31.12. 23 Uhr 49 vorstellen und dann 11 Minuten warten. Wenn dann nichts passiert, haben wir mit geringem Aufwand das Jahr-2000-Problem gelöst. Das ist immer noch besser, als Tausende von Programmzeilen auf Datumsfelder zu überprüfen!"

DIE Lösung für alle Jahr-2000-Probleme: Neuen Rechner kaufen!

Herr Kleinschmitt wollte sich schon für diesen interessanten Vorschlag bedanken, als er merkte, daß einige Mitarbeiter nur mit Mühe das Lachen unterdrücken konnten. Dies schien den zweiten Mann vom Gang zu einem weiteren Vorschlag zu motivieren:

„Wir könnten bei der Weltuhr anrufen und bitten, daß der Datumswechsel um ein Jahr verschoben wird. Dann hätten wir mehr Zeit, das Problem zu lösen!"

Nun gab es kein Halten mehr. Die gesamte EDV-Abteilung brach in schallendes Gelächter aus, und Herr Kleinschmitt verwandelte sich vom grauen zum roten Star:

Mit dunkelrot angelaufenem Gesicht sprang er auf und verließ das Zimmer. Nachdem er sich in seinem Büro wieder etwas beruhigt hatte, diktierte er ein geharnischtes Schreiben an die EDV-Abteilung: Nach der Rückkehr aus seinem Urlaub erwartete er die Lösung der angesprochenen Problematik. Dann packte er die Bücher zum Controlling in seinen Aktenkoffer und verabschiedete sich von seiner Sekretärin in den Urlaub.

Wie man kreativ wird

Als Herr Kleinschmitt zu Hause ankam, war er ganz froh, daß nun drei Wochen Urlaub vor ihm lagen, auch wenn es nicht die reine Erholung werden würde. Er mußte sein Controlling-Konzept entwickeln, ohne daß seine Frau etwas davon mitbekommen würde. Also nahm er die Bücher aus seinem Aktenkoffer und versteckte sie im Kofferraum des Wagens.

Seine Frau erzählte ihm freudestrahlend, daß die Buchung des Appartements geklappt habe und sie schon morgen losfahren könnten.

Nach einer Woche hatte Herr Kleinschmitt im Schlepptau seiner Frau 35 bezaubernde Dörfer, 27 kunsthistorisch höchst wertvolle Kirchen, 13 beeindruckende Museen und 10 Kunstausstellungen auf Weltniveau besucht. Auf der letzten Ausstellung entdeckte er ein Plakat, das einen Vortrag ankündigte – natürlich auf Deutsch, der eigentlichen Landessprache der Toskana:

„Kreativität ist kein Monopol der Künstler! Auch Sie können kreative Ideen für Beruf und Hobby entwickeln - mit Mind Mapping!"

Das war es doch genau, was er brauchte: endlich eine gute Idee für sein Controlling-Konzept! Rasch notierte er sich Ort und Zeit der Veranstaltung. Um bei seiner Frau keinen Verdacht zu erwecken, gab er vor, daß er von den Eindrücken der letzten Woche so inspiriert sei, daß er sich nun auch selbst künstlerisch betätigen wolle. Sie war zwar etwas erstaunt über diese völlig neue Seite ihres Mannes, doch sie schrieb dies ihren Expeditionen ins Reich der Kunst zu.

Schon am nächsten Abend saß Herr Kleinschmitt im Vortrag über Mind Mapping und lauschte gespannt, was denn eigentlich Kreativität war, wie das menschliche Hirn funktionierte, was man unter Brainstorming und anderen Kreativitätstechniken verstand. Schließlich wandte sich der Vortragende dem eigentlichen Thema zu: dem Mind Mapping.

Herr Kleinschmitt erfuhr, daß er bei seinen bisherigen Versuchen, ein Controlling-Konzept zu entwerfen, völlig falsch vorgegangen war. Er hatte versucht, seine Gedanken in eine lineare Form zu zwingen. Dabei gingen ihm viele gute Ideen verloren, nur weil sie nicht in die hierarchische Struktur paßten. Weniger gute Ideen hatte er dagegen notiert, nur weil sie sich perfekt in die hierarchische Struktur fügten. Beim Mind Mapping könnte dagegen jede neue Idee in die Aufzeichnung integriert werden, ohne daß die bestehende Struktur zerstört würde. Die Gedanken könnten einfach in der Reihenfolge, in der sie kommen, zu Papier gebracht werden. Man müßte keinen Gedankenfluß abbrechen und könnte beliebig hin und her springen. Zusätzlich unterstützte das Mind Map den Denkprozeß durch die grafische Darstellung auf einem Blatt.

Kleinschmitt war begeistert. Vielleicht hatten die beiden EDV-Leute bei ihrem Gespräch auf dem Gang ja recht. Vielleicht war er bisher wirklich ein „Grauer Star" gewesen, ein wenig pingelig, ein wenig trocken, ein wenig engstirnig und völlig unkreativ. Doch das sollte sich jetzt ändern. Am Ende des Vortrags kaufte er sich noch ein Buch zum Mind Mapping, das er in den nächsten Urlaubstagen durcharbeiten wollte.

Man braucht schon viel Phantasie, mit dem Computer das zu machen, was ein Manager eigentlich soll. Aber das Prestige ist wichtig!

Wie man seine Frau los wird

Als er nach dem Vortrag seiner Frau voller Begeisterung von Mind Mapping erzählte, war diese richtig stolz auf ihn und auch auf sich. Schließlich hatte er die Entdeckung seiner Kreativität ihr zu verdanken. Die nächsten zwei Tage verbrachte Herr Kleinschmitt mit der Lektüre seines Mind Mapping-Buches.

Seine Frau besuchte inzwischen die Kirchen Nr. 28 bis 31 sowie drei weitere Museen. Am dritten Tag beschwerte sie sich, daß er ihr inzwischen so wenig Aufmerksamkeit schenken würde wie zu Hause und nur über seinem Buch brütete. Er faßte den Mut, zu entgegnen, daß er inzwischen keine Kirchen und Museen mehr sehen könnte. Nach einem längeren unschönen Wortwechsel einigte man sich darauf, die restlichen Tage des Urlaubs am Meer zu verbringen.

Kleinschmitt spielte dabei mit dem Gedanken, dort die Zeit zu nutzen und das Mind Mapping einzusetzen, um endlich mit seinem Controlling-Konzept zu beginnen. Die Sache wurde nur dadurch erschwert, daß er außer dem Mind Mapping-Buch kein anderes Buch mit an den Strand nehmen durfte. Wenn seine Frau entdeckte, daß er im Kofferraum Bücher aus der Bank mit in den Urlaub geschmuggelt hatte – nicht auszudenken, was in der ohnehin angespannten Situation geschehen würde. Die einzige Möglichkeit wäre, seine Frau auf irgendeine Weise für die verbleibenden Tage am Meer loszuwerden – nein, er dachte nicht an Mord, aber irgend etwas würde ihm schon einfallen...

Herr Kleinschmitt mußte keine Kreativitätstechnik anwenden, um eine geeignete Idee zu finden. Das Schicksal löst solche Dinge meist viel eleganter: Seine Frau verfügte zwar nicht mehr über die Figur und das Alter eines Models, doch sie war blond. Dies allein genügte offenbar, um die Aufmerksamkeit italienischer Strandschönlinge zu erregen.

In Abständen von wenigen Minuten liefen sie an seiner Frau vorbei, manche lächelten ihr nur zu, andere hatten einen lässigen Spruch auf den Lippen und einige ganz verwegene setzten sich einfach neben ihren Liegestuhl in den Sand, auch wenn der Ehemann nur zwei Meter entfernt in seinem Buch las.

Irgendwie schienen sie ihn nicht richtig ernst zu nehmen: ein „Grauer Star" eben, der in den letzten Tagen ein bißchen zu viel Sonne abbekommen hatte und nun an die italienische Flagge erinnerte: weiße Haut mit roten Flecken und grüner Badehose. Die ersten Annäherungsversuche wehrte Frau Kleinschmitt noch recht schnell ab, wobei sie jedesmal zu ihrem Gatten hinüberblickte. Doch dieser schien von all dem nichts mitzubekommen.

Völlig vertieft las er, und seine Frau bemerkte, wie er gedankenverloren mit den Zehen einen Baum in den Sand zeichnete. Allmählich wurden die Gespräche mit den italienischen Heißspornen immer länger. Schließlich sagte Frau Kleinschmitt zu ihrem Mann:

„Hör mal, Antonio ist Künstler und bereitet gerade eine Ausstellung vor. Er will mir schon vorab seine Bilder zeigen. Du hast doch sicher nichts dagegen, wenn ich mir kurz mal seine Bilder ansehe?"

Ohne aufzublicken, antwortete Herr Kleinschmitt mit einem „Hmm" und zeichnete mit dem großen Zeh einen weiteren Ast in den Sand.

„Ja, so könnte es klappen! Damit wäre das Controlling-Konzept rund!"

Zufrieden betrachtete er den Mind Mapping-Baum vor ihm im Sand, als plötzlich eine große Welle darüber hinwegschwappte. Als das Wasser wieder abfloß, war von den Spuren im Sand nichts mehr zu erkennen. Erschrocken und verärgert sprang Kleinschmitt hoch und bemerkte erst jetzt, daß seine Frau verschwunden war.

Eine günstige Gelegenheit, dachte er und lief hastig zum Auto, um die Controlling-Bücher sowie einen Schreibblock mit Stift aus dem Versteck im Kofferraum zu holen. Kaum lag er wieder in seinem Stuhl, versuchte er fieberhaft, die Ideen, die er in den Sand gemalt hatte, zu Papier zu bringen. Am Abend konnte er neben einem ausgeprägten Sonnenbrand auch ein ausbaufähiges Konzept vom Strand mitnehmen.

Nachdem er die Unterlagen wieder im Kofferraum versteckt hatte, ging er in das Appartement, fand aber seine Frau nicht vor. Erst kurz nach neun kam sie gut gelaunt herein und erzählte sogleich von den wunderbaren Bildern, die Antonio malte, von den netten Leuten, die sie getroffen hatte und daß sie in den nächsten Tagen gerne bei der Vorbereitung der Ausstellung helfen würde.

Kleinschmitt befiel plötzlich ein Gefühl, das er vorher nicht gekannt hatte. Es mußte sich dabei wohl um Eifersucht handeln. Andererseits konnte ihm doch nichts Besseres passieren: Er hatte nun endlich Muße, sein Controlling-Konzept zu Ende zu bringen. Viel Zeit blieb ihm nicht mehr, die Aufsichtsratssitzung fand schon eine Woche nach der Rückkehr aus seinem Urlaub statt. Also stimmte er dem Wunsch seiner Frau zu.

Die restlichen Tage seines Urlaubs verbrachte Herr Kleinschmitt unter einem Sonnenschirm am Strand. Er war mit seinem Controlling-Konzept schon ein gutes Stück vorangekommen. Das Ziel war gemäß den Anforderungen im Schreiben des Vorstands definiert.

Bei der Suche nach neuen Ideen hatte er allerdings immer noch mit der „Schere im eigenen Kopf" zu kämpfen. Er ertappte sich immer wieder dabei, daß er jede Idee selbst zensierte und viele Gedanken als nicht ausführbar verwarf.

Doch gerade das war falsch, wie er nach dem Vortrag und dem Studium des Mind Mapping-Buches wußte. Als er sich zwang, auch vermeintlich „wilden" Ideen die gleichen Rechte einzuräumen wie den realistischen, stellte er fest, daß gerade seine „Spinnereien" sich später zu hervorragenden Lösungen entwickelten – wenn auch auf Umwegen. Wie hieß es im Vortrag?

„Mit guten Ideen ist es wie mit gutem Wein: Sie müssen Zeit zum Reifen haben. Auch wenn Sie einmal in einer „Sackgasse" gelandet sind, wenn Sie sich mit einem Problem abquälen und offensichtlich zu keiner Lösung gelangen, ebnen solche Fehlschläge oftmals unbemerkt den Weg zur richtigen Idee."

So gelang es Herrn Kleinschmitt innerhalb weniger Tage, einen ansehnlichen Mind Map-Baum mit vielen Zweigen und Ästen zu entwickeln, die seine Ideen wie Früchte trugen. Nun galt es, die beste Lösung auszuwählen, also die guten von den schlechten

Früchten zu trennen. Dabei half ihm eine Checkliste, die er im Mind Mapping-Buch fand, die positiven Seiten seiner Ideen herauszufinden und an ihrer Verbesserung zu arbeiten.

Nur die Gedanken, die ihm beim besten Willen als zu unrealistisch und bizarr erschienen, verwarf er. Schließlich hatte er zwei alternative Lösungen für sein Controlling-Konzept entwickelt, die er dem Aufsichtsrat zur Entscheidung vorzulegen gedachte.

Als Herr Kleinschmitt mit seiner Arbeit fertig war, stellte er erstaunt fest, daß der letzte Tag des Urlaubs angebrochen war. Seine Frau hatte er wie zu Hause nur zum Frühstück und Abendessen gesehen. Sie schien in ihrem künstlerischen Engagement völlig aufzugehen. Am Abend vor der Abreise eröffnete sie ihm, daß sie noch einige Tage hier bleiben und erst nach Antonios Ausstellung heimreisen wolle.

Erst jetzt dämmerte, daß er mit seinem Ziel, seine Frau für eine gewisse Zeit los zu werden, etwas anders erreicht hatte, als er ursprünglich vorhatte. Doch dann besann er sich eines besseren: seine Frau war schließlich viel zu intelligent, um ihn, einen frisch gebackenen Hauptabteilungsleiter mit ansehnlichem und sicherem Einkommen, gegen einen windigen Pseudokünstler einzutauschen. Wahrscheinlich wollte sie ihn nur ein wenig eifersüchtig machen. Da er sich so kurz vor der Aufsichtratssitzung keine Beziehungsprobleme leisten wollte, erklärte er sich auch mit diesem Vorhaben seiner Frau einverstanden. Also gingen die beiden zum ersten Mal seit dem gemeinsamen Studium getrennte Wege.

Die Aufsichtsratssitzung

Zurück in der Bank, führte sein erster Weg in die EDV-Abteilung. Anscheinend hatte das durchaus harsch formulierte Schreiben, das er noch vor dem Urlaub diktiert hatte, seine Wirkung gezeigt. Ihm wurde versichert, er könne dem Aufsichtsrat mitteilen, daß alle Programme bis Ende Oktober auf ihre Jahr-2000-Fähigkeit überprüft seien.

Herrn Kleinschmitt blieb nichts anderes übrig, als den Worten Glauben zu schenken. Sollten sie sich nicht bewahrheiten, wäre es wohl vorbei mit seinem ansehnlichen und sicheren Einkommen. Dann bestünde immer noch die Möglichkeit, wie Antonio als Künstler in der Toskana zu arbeiten. Oder er würde Vorträge über Mind Mapping halten. Dann hätte er auch mehr Zeit für seine Frau...

Schließlich gab es noch wichtigere Dinge im Leben als zu arbeiten. Herr Kleinschmitt staunte selbst über seine Gedanken, die ihm bisher so noch nicht gekommen waren. Ob das an der intensiven Beschäftigung mit den Kreativitätstechniken lag?

Doch er hatte keine Zeit, diesen Überlegungen weiter nachzuhängen. Er mußte noch die Präsentation seiner beiden Controlling-Konzepte vorbereiten. Auch dazu wollte er das Mind Mapping verwenden. Zunächst überlegte er, was er mit seiner Präsentation überhaupt bezwecken wollte. Dann mußte er die Frage klären, welche Botschaft vermittelt werden sollte. Wichtig war dabei, den Blick für das Ganze zu behalten und sich nicht in Details zu verlieren.

Apropos Details: Was passierte, wenn Fragen zu EDV-technischen Details für die Überprüfung der Programme auf die Jahr-2000-Fähigkeit auftauchten? Herr Kleinschmitt sah hier ganz deutlich ein Dilemma: Zwar war er Chef auch der EDV-Abteilung, doch von Computern und Programmen hatte er nur rudimentäre Kenntnisse (was sich hoffentlich noch nicht bis in die Führungsetage herumgesprochen hatte). Um dennoch auf Fragen eingehen zu können, deren Antworten er gar nicht kannte, hatte Herr Kleinschmitt eine geniale Idee:

Er wollte einen kompetenten Mitarbeiter aus der EDV-Abteilung mit in die Sitzung nehmen, der offiziell die Sitzung am Computer protokollieren sollte. In Wirklichkeit würde der Mitarbeiter aber die Antworten auf EDV-spezifische Fragen in den Computer tippen. Diese könnte Herr Kleinschmitt dann von seinem Bildschirm einfach ablesen. Er erstellte nun noch einen Präsentationsplan, in dem er festlegte, wie die Folien aussehen sollten, welche Medien er verwenden wollte und wie der zeitliche Ablauf der Präsentation zu gestalten war.

Der Controller, seine Frau und die Aufsichtsratssitzung – ein Beziehungsdrama

Fenstertechnik: fliegt schnell aus demselben.

Derartig gut vorbereitet, marschierte Herr Kleinschmitt ruhigen Gewissens in die Aufsichtsratssitzung. Die Vorstellung seiner beiden alternativen Controlling-Konzepte verlief weitgehend nach Plan, bis sich die Lampe des Video-Beamers mit einem lauten Knall verabschiedete.

Dies hatte zwei Effekte: die beiden Aufsichtsräte, die bei Herrn Kleinschmitts Vortrag sanft entschlummert waren, waren schlagartig wieder wach, und er hatte nun die Gelegenheit, sein technisches Verständnis unter Beweis zu stellen. Mit einigen geschickten Handgriffen wechselte er die Lampe aus und fuhr mit seinem Vortrag fort - nur nicht aus der Ruhe bringen lassen.

Seine Überlegung, zwei Alternativen vorzuschlagen, erwies sich als strategisch richtig. Die Profilierungssucht der hohen Herren hätte bei nur einem Vorschlag dazu geführt, daß sie diesen derartig auseinandergenommen hätten, daß er ein völlig neues Konzept hätte entwickeln müssen. So hatten aber die Aufsichtsräte die Möglichkeit, sich eine Stunde lang darüber zu streiten, welche der beiden Alternativen die bessere sei. Schließlich einigte man sich auf einen Kompromiß, in dem verschiedene Teile aus beiden Konzepten zusammengeführt werden sollten.

Dann kam der Teil der Sitzung, vor dem Herr Kleinschmitt das meiste Bauchgrimmen hatte: die Fragen zur Jahr-2000-Fähigkeit der Computerprogramme. Da er Zeit gewinnen mußte, bis sein Mitarbeiter die Antworten eingetippt hatte, wiederholt er jede Frage ganz langsam:

„Sie wollen also wissen, welche Programme in unserer Bank verwendet werden. Ja, das ist eine sehr umfassende Frage, die sich auch nur umfassend beantworten läßt..."

Dann las er Punkt für Punkt vom Bildschirm ab, wobei er sich Mühe gab, so zu tun, als würden ihm die Namen der Programme soeben einfallen. Auf diese Weise ließen sich die ersten Fragen recht gut beantworten.

Problematisch wurde es nur, als zwei Fragen kurz hintereinander gestellt wurden. Herr Kleinschmitt war sich nicht ganz sicher, welche Antwort er nun auf welche Frage geben sollte. In der Folge gerieten Fragen und Antworten immer mehr durcheinander, doch zum Glück war der EDV-Mitarbeiter der einzige, dem dies auffiel.

Die Herren Aufsichtsräte hatten offensichtlich ebenso viel Ahnung von EDV wie Kleinschmitt und waren zufrieden, wenn sie eine Antwort bekamen, die sie zwar nicht verstanden, die aber mit computerspezifischen Fachausdrücken, am besten auf Englisch, gespickt war.

Nach etwa einer Stunde hatte Herr Kleinschmitt alles überstanden. Man bedankte sich für seine interessante Vortragstechnik, lobte sein Controlling-Konzept und gab seiner Freude Ausdruck, daß man nun endlich einen Hauptabteilungsleiter gefunden habe, der sich auch in den Details der Soft- und Hardware hervorragend auskannte. Lediglich der EDV-Mitarbeiter schüttelte lächelnd den Kopf. Auch er hatte etwas dazugelernt: Kompetenz ist nicht unbedingt Voraussetzung für eine Karriere, wichtiger als der Inhalt ist offensichtlich die Verpackung.

Als Kleinschmitt an diesem Abend zufrieden nach Hause kommt, fällt ihm sein Traum ein. Die Angst vor der Aufsichtsratssitzung hat sich glücklicherweise als unbegründet herausgestellt. Nur eines ist tatsächlich eingetroffen: Seine Frau ist immer noch in der Toskana. Jetzt, wo der ganze Streß vorbei ist, merkt er zum ersten Mal, daß sie ihm fehlt. Doch er hat schon eine Idee: gleich morgen will er sich hinsetzen und ein Mind Map entwerfen, wie er seine Frau wieder zurückgewinnen könnte...

Fazit

Mit Mind Mapping kann auch aus einem „Grauen Star" ein kreativer Mensch werden. Nur achten Sie darauf, daß Sie Ihre Kreativität nicht nur für berufliche Zwecke einsetzen. Mind Mapping eignet sich auch hervorragend für die Urlaubsplanung oder wenn Sie für Ihre Frau/Ihren Mann ein passendes Hochzeitsgeschenk suchen. Auch das Büchlein, das Sie gerade lesen, ist mit Hilfe von Mind Mapping entstanden. Sie sehen, es lassen sich damit auch literaturnobelpreisverdächtige Werke anfertigen...

Portfolioanalyse – von Kühen, Sternen und Vierteilungen

Im nächsten Abschnitt lernen Sie zunächst Wissenswertes über die Portfoliotheorie. Auch wenn Sie schon zu wissen glauben, was sich dahinter verbirgt, lesen Sie es trotzdem. Es hat uns schließlich eine Menge Arbeit gemacht. Danach zeigen wir Ihnen, wie Sie mit Hilfe der Portfoliotheorie Ihre Personalpolitik revolutionieren können.

Kennen Sie Markowitz und Kostolany?

Der Begriff Portfolio stammt aus dem Wertpapierbereich. Markowitz beschrieb als erster auf der Basis von Diversifikationsüberlegungen im finanzwirtschaftlichen Bereich die Zusammenstellung von Wertpapier-Portfolios.

Diese sind nach Markowitz so auszugestalten, daß

- bei einer definierten Höhe des Risikos der erwartete Gesamtgewinn aus dem Portfolio maximiert oder
- bei einer festgelegten Gewinnrate das Risiko des Portfolios minimiert wird.

Ob Kostolany nach diesem Rezept zum Börsenguru wurde, ist allerdings eher zu bezweifeln. Trüben doch nach seinen Aussagen alle Theorie und insbesondere die Volkswirtschaftslehre das scharfe Auge des Spekulanten für das wahre Geschehen an der Börse.

Dessen ungeachtet haben Wissenschaft und Consultingfirmen mit der Portfolioanalyse ein Instrument entwickelt, das zumindest zwei Unternehmen einen ordentlichen Gewinn bescherte, nämlich der Boston Consulting Group und McKinsey. Diese Firmen haben die Grundidee der Zusammenstellung von Wertpapier-Portfolios auf die Kernproblemstellung der strategischen Planung übertragen.

Das gesamte Betätigungsspektrum vor allem diversifizierender Unternehmen läßt sich in sogenannte strategische Geschäftseinheiten aufgliedern.

Eine strategische Geschäftseinheit ist eine Planungseinheit mit einer von anderen Planungseinheiten unabhängigen Marktaufgabe.

- Sie umfaßt ein klar abgegrenztes Produkt oder eine eindeutig definierte Produkteinheit.
- Am Markt steht sie einem Wettbewerb gegenüber und ist selbst voll konkurrenzfähig.

Solche strategische Einheiten lassen sich auch auf der Basis von Zeitgrößen wie Gewinn oder Cash Flow kennzeichnen. Die Beurteilung der Entwicklungsmöglichkeit einer strategischen Geschäftseinheit erfolgt auf der Basis von wenigen oder vielen Einflußfaktoren.

Ist das Portfolio-Thema für Sie Jahr 2000-fähig?

Stellen Sie sich vor, Sie stehen auf der Silvesterfeier 2000 wie üblich mit äußerst wichtigen Leuten zusammen und unterhalten sich darüber, wie man eben ´mal schnell die Probleme der Welt lösen könnte.

Da Sie an der Schwelle zu einem neuen Jahrtausend stehen, würden Sie mit Allgemeinplätzen eine falsche Strategie fahren.

Verblüffen Sie Ihre Gesprächspartner doch mit einer anspruchsvollen Debatte über Portfolios. Diese haben zwei entscheidende Vorteile: Sie sind hochintellektuell und, wie Sie gleich sehen werden, universell einsetzbar.

Als besonders geeignete Eröffnungsvariante erscheint uns beispielsweise folgender Satz:

Komplexe Lösungen einfacher Probleme mittels Portfolioanalyse

Damit Sie bei der anschließenden Diskussion inhaltlich zu keiner Zeit im Regen stehen, empfehlen wir die Lektüre der folgenden Erläuterungen:

Beide Portfolio-Konzepte verwenden eine zweidimensionale Matrix (bestehend aus x- und y-Achse), in der die einzelnen strategischen Geschäftseinheiten eines Unternehmens dargestellt werden. An welcher Stelle der Matrixfläche die jeweilige Geschäftseinheit angeordnet wird, wird von zwei Bewertungskriterien, die auf den Achsen abgetragen werden, bestimmt:

- Zum einen von der Umweltdimension, welche die umweltbezogenen Erfolgsfaktoren abbildet. Diese können vom Unternehmen im allgemeinen nicht beeinflußt werden und werden daher auch exogene Faktoren genannt. Die Umweltdimension findet sich auf der y-Achse wieder.

- Zum anderen von der Unternehmensdimension, welche die unternehmensbezogenen (endogenen) Faktoren darstellt und aufzeigt, wie ein Unternehmen im Vergleich zur Konkurrenz dasteht. Die Unternehmensdimension wird auf der x-Achse abgetragen.

Das Grundmodell der Boston Consulting Group, die ihre Weisheiten – anders als der Name vermuten läßt – nicht nur Boston, sondern ratlosen Unternehmen auf der ganzen Welt anbietet, verwendet auf der y-Achse die Umweltdimension „Marktwachstum", auf der x-Achse die Unternehmensdimension „Marktanteil".

Die Überlegung bei der Bezeichnung der Achsen war folgende: Die Sicherung hoher relativer Marktanteile ist Voraussetzung für die Erwirtschaftung einer hohen Rentabilität. Denn je mehr Produkte ein Unternehmen verkaufen kann, desto billiger kann es diese herstellen und desto mehr Gewinn erwirtschaftet es folglich bei einem gegebenen Marktpreis.

Marktanteile sind eine Unternehmensdimension, da sie Informationen über den Erfolg des Unternehmens liefern.

Portfolio der Boston Consulting Group. Andere mögliche Lesart:
Stars = Unternehmensberater
Cash Cows = Unternehmen, die gerade beraten werden
Question Marks = Unternehmen, die man für die Beratung gewinnen will
Poor Dogs = Unternehmen, die bereits beraten wurden.

Hohe relative Marktanteile lassen sich am besten in Märkten mit künftig hohen Wachstumsraten realisieren, etwa in der Informationstechnologie oder beim Waffenschmuggel.

Das Marktwachstum stellt einen Umweltfaktor dar. Die so beschriebene Matrix wird nun geviertelt. Wie bei einer mittelalterlichen Hinrichtung läuft es manchem Produktmanager eiskalt den Rücken hinunter, wenn er darüber nachsinnt, in welchem Quadranten seine strategische Geschäftseinheit nun wohl landen wird.

Wollten Sie schon immer einer Vierteilung beiwohnen?

Manager von Produkten, die als „Stars" bezeichnet werden, sind zu beglückwünschen. „Stars" weisen ein hohes Marktwachstum und führende Marktpositionen auf. Sie erwirtschaften überdurchschnittliche Renditen und benötigen finanzielle Mittel. Ihre Produktmanager dürfen auf weitere Geldspritzen hoffen, um ihren Marktanteil gegenüber den Konkurrenten halten und gar ausbauen zu können. Stars stehen im oberen rechten Quadranten der Matrix.

Die Nachwuchsprodukte oder „Question Marks" (Fragezeichen)

- versprechen hohes Wachstum,
- haben einen zunächst nur geringen Umsatzanteil,
- benötigen umfangreiche finanzielle Mittel,
- und stellen eine überdurchschnittliche Rentabilität in Aussicht.

Die Fragezeichen stehen wegen des hohen Wachstums ebenfalls oben, aber wegen des noch geringen Marktanteils im linken Quadranten.

Die Problemprodukte oder „Poor Dogs" (Arme Hunde) werden auf stagnierenden oder schrumpfenden Märkten verkauft und verfügen nur über eine mäßige bis schlechte Marktposition. Sie erwirtschaften oft keinen finanziellen Überschuß und verursachen auch Verluste.

Die wahren armen Hunde aber sind die Manager solcher Produkte, da sie nämlich ihre Erfolgsprämie für die nähere Zukunft streichen können. Die „Poor Dogs" sind in der Matrix unten links zu finden.

Die „Cash Cows" (Melkkühe) liegen zwischen mäßigem Wachstum und Stagnation, erzielen allerdings einen hohen Finanzmittelüberschuß bei unterdurchschnittlicher Rentabilität. Sie sollen den „Cash Flow" des Unternehmens erhöhen, haben aber keine nennenswerten Investitionen mehr zu erwarten. Vielmehr sollen sie helfen, die „Question Marks" in „Stars" umzuwandeln, die dann ihrerseits langfristig wieder zu „Cash Cows" werden. „Cash Cows" grasen im rechten unteren Abschnitt der Matrix.

Möchten Sie Ihre Ausführungen doch lieber in einem Satz und knackig formulieren, dann fassen Sie das Ganze doch so zusammen: Fragezeichen, die nicht zu „Stars" gemacht werden können, werden zunächst abgemolken, dann zu „Poor Dogs" und schließlich aus der Produktpalette entfernt.

Alles klar? Oder wollen Sie beim nächsten Small Talk im neuen Jahrtausend nicht vielleicht doch lieber über das Wetter reden?

Ein weiteres Portfoliomodell gefällig?

Da Konkurrenz bekanntlich das Geschäft belebt und McKinsey natürlich keine einfache *me-too*-Strategie verfolgen konnte (d. h., die MacKinseyaner konnten nicht einfach von der Boston Consulting Group abkupfern), stellten sie ein eigenes Portfoliomodell auf. Bei den Mäcs heißt die Unternehmensdimension (x-Achse) Wettbewerbsvorteil und umfaßt Faktoren wie

- die relative Marktposition,
- das relative Produktpotential,
- die relative Qualifikation der Führungskräfte und Mitarbeiter.

Diese Faktoren sind wiederum aus einer Vielzahl von Einzelfaktoren zusammengesetzt. Als Umweltdimension (y-Achse) wird die Marktattraktivität herangezogen, die sich weiter untergliedert in

- die Marktqualität,
- die Umweltsituation,
- das Marktwachstum,
- die Marktgröße,
- die Versorgung mit Energie und Rohstoffen

usw.

Die Ausprägung dieser Dimensionen kann niedrig, mittel oder hoch sein. Zwei Achsen mit je drei Bereichen – das ergibt eine Matrix mit neun Feldern.

Zu beiden vorgestellten Modellen sei kritisch angemerkt, daß es für die Beurteilung der Attraktivität eines Marktes nicht ausreicht, dessen Wachstumsrate zu betrachten, zumal diese häufigen Änderungen unterworfen ist. Vielmehr gilt es, die jeweilige Position im Produktlebenszyklus zu erkennen.

Sind Produkte Lebewesen?

Bei der Beschreibung des Produktlebenszyklus haben die Ökonomen offenbar in ihren alten Biologiebüchern aus Schulzeiten nachgesehen und festgestellt, daß sich ein Produkt ähnlich verhält wie ein richtiges Lebewesen:

- es wird geboren (Markteinführung),
- wächst und gedeiht (Marktdurchdringung),
- erreicht die Blüte seines Lebens (Marktreife und -sättigung)
- und geht schließlich von dannen (Marktdegeneration).

Beeindruckend die Weiterentwicklung der Computer:
Zu den alten Fehlern kommen immer wieder neue hinzu.

Leider lassen sich auch hier Fehlgeburten nicht immer vermeiden. Nach glaubwürdigen Aussagen des Herrn von Bülow, der auch unter dem Namen Loriot bekannt ist, kam der Saug-Blaser Heinzelmann trotz intensivster Werbeanstrengungen („Es bläst und saugt der Heinzelmann, wo Mutti sonst nur saugen kann") nie über die Markteinführungsphase hinaus. Aber auch richtig nützliche Produkte, denken Sie nur an Computer, veralten schneller als Witze.

Daher wird es für ein Unternehmen immer wichtiger, sich über sein Sortiment und dessen Chancen auf dem Markt einen Überblick zu verschaffen.

Aus der Betrachtung der Produktlebenszyklen wird die Forderung erhoben, das Portfolio der strategischen Geschäftseinheiten so zu gestalten, daß jederzeit eine ausreichende Anzahl neuer Produkte zur Verfügung steht, um eine kontinuierliche Unternehmenspolitik zu gewährleisten.

Der Unternehmensberater und das Personalportfolio – eine (fast) wahre Geschichte

Dr. Roland Taler wurde irgendwo in der bayerischen Provinz geboren. Daß er einmal Unternehmensberater sein würde, war ihm keineswegs in die Wiege gelegt. Wäre es nach seiner Mutter gegangen, hätte er eigentlich Medizin studieren müssen. Dieser Wunsch scheint sich bei vielen Müttern tief eingegraben zu haben. Ob daran die herzzerreißenden Arztfilme – die besten sind noch in Schwarz-Weiß – oder persönliche Erfahrungen mit den „Halbgöttern in Weiß" schuld sind, wird sich wohl nie ganz klären lassen.

Nachdem Roland Betriebswirtschaftslehre und nicht Medizin studiert hatte, war er es seiner Mutter schuldig, zumindest „den Doktor zu machen". Schließlich muß man in der Verwandt- und Nachbarschaft mit seinem Sprößling ein bißchen angeben können.

Der Unternehmensberater und das Personalportfolio – eine (fast) wahre Geschichte

Dr. Roland Taler, Unternehmensberater.
Ausbildung: 10 Jahre Universität.
Gelernt: Rechnungen schreiben.

Seine ersten Erfahrungen sammelte Dr. Taler in einer renommierten Unternehmensberatungsgesellschaft. Insbesondere die Personal- und Gehaltspolitik in dieser Firma (frei nach dem Motto „Viel Arbeit – wenig Gehalt") veranlaßte ihn bereits nach kurzer Zeit, nicht mehr auf die monatlichen Almosen zu warten, sondern künftig eigene Rechnungen zu schreiben. Gleichzeitig flossen seine Erfahrungen in die Entwicklung eines innovativen Personalportfolios ein.

Wie Sie eine Stellenausschreibung richtig formulieren

Wie eingangs beschrieben, wurde die Portfolioanalyse vom Wertpapier- auf den Produktionsbereich übertragen. Manchmal gewinnt man den Eindruck, daß es sich bei der Portfolioanalyse weniger um eine übertragbare Theorie als um eine übertragbare Krankheit handelt. Was wird nicht alles in Portfolios abgebildet!

Wir begleiten jetzt den Unternehmensberater Dr. Roland Taler auf seinem Weg in die neuen Bundesländer. Dort soll er das aufstrebende Computer-Unternehmen „Soft & Hard IN-Competence" bei seiner Personalpolitik unterstützen, da die gute Auftragslage ein Aufstocken des Personalbestandes erfordert. Taler startet eine Anzeigekampagne in einer überregionalen Tageszeitung.

Natürlich ist Taler klar, daß niemand dieses Anforderungsprofil erfüllen wird. Sollte tatsächlich ein solches Genie existieren, würde es bereits für Microsoft arbeiten oder sich in psychologischer Behandlung befinden. Was will unser wackerer Consultant also mit der Annonce bewirken?

Zunächst muß er sich mit seinem Text gegenüber den anderen Firmen, die unter „Stellenangebote" inserieren, behaupten. Eine realistische Ausschreibung etwa nach dem Moto: *„O.K, Chinesisch sprechen muß ja nicht sein, es genügt, wenn Sie Chinesisch essen können,"* wäre geradezu imageschädigend. Und was ist wichtiger als das Image – zumal, wenn das Unternehmen seinen Sitz in Chemnitz hat? Dann schreckt er schon mal alle Idioten ab, die den Anzeigentext für bare Münze nehmen und sich sagen:

Außergewöhnliche Karrierechancen bei einem Unternehmen der Zukunftstechnologie, in dem die Ideen von morgen schon heute realisiert werden.

Bei Soft & Hard IN-Competence im Bereich

Kommunikationssyteme

können Sie Architekt weltweiter Erfolgsstrukturen werden.

Sie besitzen ein abgeschlossenes Hochschulstudium im Bereich Informatik oder Wirtschaftsinformatik und haben Ihre wissenschaftliche Befähigung mit einer Promotion oder einem MBA unter Beweis gestellt. Bereits während des Studiums konnten Sie Auslandserfahrungen sammeln. Verhandlungssicheres Englisch, Französisch und Chinesisch sind selbstverständlich, Grundkenntnisse in Uigurisch und Balinesisch sind wünschenswert. Sie blicken auf eine mehrjährige Berufserfahrung in der IT-Branche zurück und können Erfolge in der Entwicklung moderner Kommunikationsarchitekturen nachweisen. Neben Ihrem Interesse an neuen Technologien wie Lotus Notes/ Domino, Internet, Extranet, Intranet und Supranet bringen Sie Erfahrungen im Design von Intranet-Anwendungen oder in der Konzeption einer modernen Kommunikationsarchitektur mit. Sie sind leistungsorientiert, mobil und teamfähig, sicher im Auftreten und belastbar.

Sollten Sie nicht älter als 25 Jahre sein, richten Sie bitte Ihre Bewerbung mit Lichtbild und Gehaltsvorstellungen an:

Soft & Hard IN-Competence
z. Hd. Frau Mandy Mürrisch
Karl-Marx-Allee 22
01234 Chemnitz

Die Stellenanzeige.

„O Gott, ich erfülle ja fast alle Kriterien, aber ich bin schon 26!"

Schließlich, und das ist das Entscheidende, stärkt Taler die Verhandlungsposition seines Mandanten beim Einstellungsgespräch und auch bei späteren Gehaltsverhandlungen.

„Gut, Herr Dr. Hacker, Studium, Promotion, Auslandserfahrung, hm, aber Ihre Sprachkenntnisse? Ich weiß nicht, kein Uigurisch, kein Balinesisch... Und von Supranet[4] haben Sie auch keine Ahnung. Tja, falls wir uns überhaupt für Sie entscheiden können, müssen wir wohl ein paar Abstriche am Einstiegsgehalt machen."

Jeder einigermaßen vernünftige Bewerber wird die Diskrepanz zwischen den Ansprüchen des Unternehmens und seinen Fähigkeiten bereitwillig einsehen und auch mit einem Einstiegsgehalt, das jede Metzgereifachverkäuferin verleiten würde, einem das Schnitzel um die Ohren zu hauen, einverstanden sein.

Aber warum sollen nur Taxiunternehmen und McDonalds von der Akademikerschwemme profitieren?

Wie Sie die Kandidaten vierteilen

Mit einer derartigen Anzeigenkampagne kann Taler nun getrost den eingehenden Bewerbungen entgegenblicken.

Und tatsächlich, nach ca. einem halben Jahr und einem mehrstelligen Betrag für die Inserate hat eine ausreichende Anzahl hochmotivierter Leistungsträger ihr weiteres berufliches Schicksal vertrauensvoll in Dr. Talers Hände gelegt. Um sich einen Überblick zu verschaffen, muß er die Bewerber nun in Gruppen einteilen. Und dabei hilft ihm die oben beschriebene Portfoliotechnik.

---

[4] Das mit dem Supranet hat Taler zwar erfunden, doch wie Sie sehen, stärkt es die Verhandlungsposition!

Der Unternehmensberater und das Personalportfolio – eine (fast) wahre Geschichte

Bewerber **Silvio G.** ist zwar schon etwas betagt (45 Jahre), kann aber Berufserfahrung im VEB Robotron nachweisen. Er war nach dem kommunistischem Motto „Überholen ohne einzuholen" maßgeblich an der Entwicklung eines sozialistischen Betriebssystems beteiligt. Dessen Marktreife wurde nur durch den Fall der Mauer gestoppt. Er spricht zwar weder Englisch noch Französisch oder Chinesisch, dafür aber Sächsisch – ein unschätzbarer Vorteil, falls das Unternehmen für seine ostdeutschen Kunden einen Dolmetscher benötigt. Taler steht nun vor dem Problem, ob er ihn den „Poor Dogs" oder eher den „Cash Cows" zuordnen soll (weil seine Beziehungen zu ehemaligen Kollegen zu interessanten Aufträgen führen könnten).

Ganz anders der Bewerber **Markus W.**, der sein Informatikstudium unter anderem an einer amerikanischen High-Tech-Uni absolviert hat. Nach seinen Unterlagen bewegt er sich mehr im Internet als außer Haus. Seine innovative Einstellung wird bereits daran deutlich, daß er seine Bewerbung per E-Mail eingereicht hat. Allerdings zeigt das als GIF-Datei mitgelieferte Bild offenkundig nicht den Bewerber, sondern Pamela Anderson in einer freizügigen Pose. Dies deutet auf eine gewisse Zerstreutheit von Herrn W. hin. Taler legt ihn zunächst zu den „Fragezeichen." Wie zu erwarten, finden sich nur wenige „Stars" unter den Bewerbern, aber einige scheinen die Tätigkeit im Wilden Osten als Herausforderung zu betrachten, gewiß getrieben von missionarischem Sendungsbewußtsein.

Wie zum Beispiel **Patricia von H.**, Waldorfschülerin, Absolventin einer privaten Hochschule, fünf Fremdsprachen fließend, Harvard-Stipendium und noch viele Extras mehr. Besonders angenehm: Ihre Gehaltsvorstellungen sind durchaus bescheiden. Geld spielt offenbar keine Rolle. Patricia von H. will mithelfen, das Land ihrer Vorfahren wieder aufzubauen und die Hinterlassenschaft der roten Horden zu beseitigen. Die einzige Frage, die Taler kurz durch den Kopf schießt, die er aber sofort als chauvinistisch verwirft, ist:

„Frauen und Computer, ob das gut gehen kann?"

Wie Sie ein Ablehnungsschreiben richtig formulieren

So ordnet Taler jeden einer Gruppe zu und kann so die zweite Runde der Personalauswahl einläuten: Die „Poor Dogs" erhalten ein Ablehnungsschreiben etwa mit dem Inhalt:

Soft & Hard IN-Competence
Karl-Marx-Allee 22
01234 Chemnitz

Sehr geehrter Herr A.,

vielen Dank für Ihr Interesse an unserem Unternehmen.

Nach eingehender Prüfung Ihrer Bewerbungsunterlagen und mehrtägigen Diskussionen sind wir nach reiflicher Überlegung zu einer Entscheidung gelangt, die uns gewiß nicht leicht gefallen ist und die nichts über Ihre persönliche Qualifikation aussagt.

Vielmehr waren wir alle fasziniert von Ihrer Ausbildung, Ihrem beruflichen Werdegang und Ihrer interessanten Persönlichkeit.

Leider mußten wir zu unserem tiefsten Bedauern feststellen, daß sich Ihr Qualifikationsprofil nicht derart mit unserem Anforderungsprofil deckt, daß eine weitere Inbetrachtziehung Ihrer Bewerbung möglich wäre.

Sollte eine Stelle in unserem Unternehmen vakant werden, die Ihren Qualitäten angemessen ist, werden wir uns selbstverständlich gerne wieder mit Ihnen in Verbindung setzen.

Bis dahin wünschen wir Ihnen alles Gute für Ihre weitere berufliche Zukunft und verbleiben

Mit freundlichen Grüßen

Mandy Mürrisch, Personalabteilung

So sieht ein Ablehnungsschreiben aus.

Der Vorteil eines derartig unspezifischen Briefes ist, daß Taler das Ablehnungsschreiben aus einem früheren Mandat verwenden und als Serienbrief gestalten kann. Bei diesem müssen nur noch Name und Adresse ausgetauscht werden.

Die „Cash Cows", „Fragezeichen" und „Stars" lädt er dann auf ein Vorstellungsgespräch.

Wie Sie ein Vorstellungsgespräch führen

Wie geht Taler nun im Einstellungsgespräch vor, wenn er einerseits eine „Cash Cow" oder einen „Star" gewinnen, diesem aber nur einen Hungerlohn zahlen will?

Eine Taktik wurde bereits angesprochen. Dem Kandidaten sind seine Grenzen aufzuzeigen, beispielsweise mit den folgenden Worten:

„Ihre Qualifikation entspricht zwar nicht ganz unseren Vorstellungen, die Sie ja der Stellenanzeige entnehmen können, aber durch geeignete Weiterbildungsmaßnahmen könnten wir da einiges nachholen, denke ich. Dies kostet unser Unternehmen natürlich eine Menge Geld, das wir bei Ihrem Gehalt berücksichtigen müssen."

Doch Taler hat noch mehr Pfeile im Köcher. Ein Schuß, der immer trifft, ist der Hinweis auf die angespannte Arbeitsmarktlage:

„Wie Sie sicherlich wissen, ist trotz Ihrer guten Ausbildung der Arbeitsmarkt für Akademiker mit nur geringer Berufserfahrung nicht gerade einfach."

Stichworte, die ein kompetenter Unternehmensberater in diesem Zusammenhang unbedingt bringen muß, sind:

- Globalisierung,
- billige Informatiker in Indien,
- Rot-Grün,
- Personalnebenkosten,
- Konkurrenzdruck.

Dieser Satz macht sich in jedem Bewerbergespräch gut.

Sollte auch dies die Wunschkandidaten noch nicht überzeugen, appelliert Taler an deren Vorstellungskraft:

„Wie Sie wissen, sind wir ein junges Unternehmen im Aufbau. Wir können daher nicht die gleichen Einstiegsgehälter zahlen wie Siemens oder IBM. Doch wir entwickeln uns dynamisch, und nach einem kurzen Zeitraum ist eine Verdoppelung Ihres Gehalts durchaus möglich."

Merke: Kein Geschäftsführer oder Personalchef muß sich später in irgendeiner Weise an diese Zusagen halten, auch wenn der Gewinn seines Unternehmens innerhalb eines Jahres auf ein Vielfaches steigen sollte und die neuen Mitarbeiter dies auch mitbekommen. Er erzählt in solchen Fällen ganz einfach etwas von der fehlenden Nachhaltigkeit des Erfolges oder vom firmeninternen Gehaltsgefüge, das durch eine Verdoppelung der Einstiegsbezahlung gesprengt würde. Nur wenige Angestellte werden die Konsequenz ziehen und kündigen. Bei denjenigen, die bleiben, besteht die Gewißheit, in Zukunft gutmütige Idioten um sich zu haben, die für ein lächerliches Gehalt den Gewinn des Unternehmens maximieren werden.

Fazit

Wie Sie sehen konnten, ist die Portfoliotechnik ein mächtiges und flexibel einsetzbares Analyse- und Führungsinstrument, mit dem Sie auch im nächsten Jahrtausend mannigfaltige Problemstellungen lösen können. Und gewiß finden Sie neben Marketing und Personal auch noch andere Anwendungsgebiete für dieses Instrument.

Sollten Sie damit nicht zurechtkommen, wenden Sie sich vertrauensvoll an Dr. Roland Taler.

*Was ein vernünftiges Gehalt ist, hängt davon ab,
ob man es zahlt oder bekommt.*

Anhang

Da Sie nun auf dieser Seite angelangt sind, könnte es ja immerhin sein, daß Sie immer noch nicht genug von unseren Buch haben. Für diesen Fall möchten wir Ihnen einige interessante Texte, die wir im Internet gefunden haben, nicht vorenthalten.

Upgradewarnung

Letztes Jahr hat ein Freund ein Upgrade von „Freundin 5.0" auf „Ehefrau 1.0" gemacht. Seine Erfahrungen dabei waren haarsträubend: Diese Applikation verbraucht extrem viel Arbeitsspeicher und läßt fast keine Systemressourcen übrig. Bei genauerem Prüfen fand er dann heraus, daß diese Applikation zusätzliche „Child"-Prozesse aufruft. Das hat natürlich zur Folge, daß die sowieso schon knappen Ressourcen noch mehr beansprucht werden.

Außerdem ist die Applikation sehr betriebssystemnah programmiert. Sie klinkt sich gleich beim Booten in die Kommandostruktur ein und kontrolliert sämtliche Ressourcen. Das geht soweit, daß andere Applikationen bei ihr nachfragen müssen und dann gegebenenfalls einfach keine Ressourcen zugewiesen bekommen. Somit sind einige Applikationen nach der Installation von „Ehefrau 1.0" überhaupt nicht mehr lauffähig. Dazu gehören „Skatabend 7.1", „Extrem-Besaufen 3.4" und „Kneipentour 5.0". Zu allem Überfluß scheint das System von Tag zu Tag mehr unter diesen Umständen zu leiden. Es sieht so aus, als würde „Ehefrau 1.0" sich wie ein Virus im System verbreiten. Dabei werden Protokolle über alle Aktionen anderer Prozesse angefertigt.

Andere, mit der Applikation vertraute Anwender hatten ihn vorher gewarnt, doch da keines dieser Phänomene in der Produktbeschreibung oder Anleitung erwähnt wurde, hatte er dies wohl einfach ignoriert.

Ein weiterer Minuspunkt für diese Applikation ist, daß sie bei der Installation keinerlei Optionen bietet. So kann man nicht entscheiden, ob Zusatzprodukte wie „Schwiegermutter 1.0" oder „Schwager 1.2" mit installiert werden.

Einige wichtige Features hat man sogar einfach vergessen, in die Applikation einzubauen. Da wäre z.B. ein Uninstaller, ein „Erinnere mich nie wieder"-Button, ein Minimize-Button oder die Unterstützung von Multitasking, so daß gleichzeitig noch andere Programme eine Chance haben, mit dem System zu kommunizieren.

Ich persönlich denke, ich werde bei „Freundin 6.0" bleiben, obwohl das auch nicht ganz unkompliziert ist. So war es zum Beispiel bei keiner Version möglich, sie über den Vorgänger einfach so zu installieren. Nein, vorher mußte eine saubere Deinstallation durchgeführt werden, um sicher zu gehen, daß keine Interrupts oder I/O-Ports mehr blockiert werden. Sollte man dies vergessen, so kann es passieren, daß die frisch installierte Applikation einfach so abstürzt. Meistens bleibt einem dann nichts anderes übrig, als sich eine neue Kopie zu besorgen.

Auf die mitgelieferte Uninstall-Routine sollte man sich jedoch keinesfalls verlassen. Es bleiben fast grundsätzlich irgendwelche Reste im System zurück. Eine weiteres Problem, was die meisten Versionen von „Freundin x.0" haben, ist die lästige Aufforderung, sich doch ein Upgrade auf „Ehefrau 1.0" zu besorgen. Diese erscheint, wie bei allen Shareware-Programmen, in regelmäßigen Abständen, aber meistens dann, wenn man es am wenigsten gebrauchen kann.

***** FEHLER-WARNUNG********

Ehefrau 1.0 hat einen nicht dokumentierten Fehler. Wenn Sie versuchen, *Geliebte 5.1* zu installieren bevor Sie *Ehefrau 1.0* deinstalliert haben, wird *Ehefrau 1.0* MS-Money-Dateien löschen und sich danach selbst deinstallieren. Danach wird sich *Geliebte 5.1* nicht mehr installieren lassen. Sie erhalten eine Meldung wegen ungenügenden System-Ressourcen

**** BUG WORK-AROUNDS**************

Um den oben genannten Bug zu umgehen, installieren Sie *Geliebte 5.1* auf einem anderen System, und starten Sie nie eine File-Transfer-Anwendung wie *Laplink 6.0*. Hüten sie sich auch vor Shareware, welche bekannt für ihre Viren ist, die Dateien mit *Ehefrau 1.0* austauschen. Eine andere Lösung wäre, *Geliebte 5.1* über einen Usenet-Provider unter einem anonymen Namen zu starten. Hüten sie sich auch hier vor Viren, die Daten mit *Ehefrau 1.0* austauschen könnten.

Viruswarnung

Diese Viruswarnung bitte an möglichst viele Leute weiterleiten! Wenn ihr eine E-Mail mit dem Titel „Bad Times" erhaltet, löscht sie sofort, ohne sie zu lesen. Es handelt sich hierbei um den bislang gefährlichsten E-Mail-Virus.

- Er wird eure Festplatte formatieren.
- Und nicht nur die, sondern auch alle Disketten, die auch nur in der Nähe eures PCs liegen.
- Er wird das Thermostat eures Kühlschranks so einstellen, daß Eure Eisvorräte schmelzen und die Milch sauer wird.
- Er wird die Magnetstreifen auf euren Kreditkarten entmagnetisieren, die Geheimnummer eurer ec-Karte umprogrammieren, die Spurlage eures Videorekorders verstellen und Subraumschwingungen dazu verwenden, jede CD, die Ihr euch anhört, zu zerkratzen.
- Er wird eurem Ex-Freund/der Ex-Freundin eure neue Telefonnummer mitteilen. Er wird Frostschutzmittel in euer Aquarium schütten.
- Er wird all euer Bier austrinken und eure schmutzigen Socken auf dem Wohnzimmertisch plazieren, wenn ihr Besuch bekommt.
- Er wird eure Autoschlüssel verstecken, wenn ihr verschlafen habt und euer Autoradio stören, damit ihr im Stau nur statisches Rauschen hört.
- Er wird euer Shampoo mit Zahnpasta und eure Zahnpasta mit Schuhcreme vertauschen, während er sich mit eurem Freund/eurer Freundin hinter eurem Rücken trifft und die gemeinsame Nacht im Hotel auf eure Kreditkarte bucht.
- „Bad Times" verursacht juckende Hautrötungen.
- Er wird den Toilettendeckel oben lassen und den Fön gefährlich nah an eine gefüllte Badewanne plazieren.
- Er ist hinterhältig und subtil.

- Er ist gefährlich und schrecklich.
- Er ist außerdem leicht violett.

Dies sind nur einige der Auswirkungen.

Seid vorsichtig! Seid sehr, sehr vorsichtig!

Warum überquerte das Huhn die Straße?

Kindergärtnerin: Um auf die andere Straßenseite zu kommen.

Plato: Für ein bedeutenderes Gut.

Aristoteles: Es ist die Natur von Hühnern, Straßen zu überqueren.

Karl Marx: Es war historisch unvermeidlich.

Timothy Leary: Weil das der einzige Ausflug war, den das Establishment dem Huhn zugestehen wollte.

Saddam Hussein: Dies war ein unprovozierter Akt der Rebellion, und wir hatten jedes Recht, 50 Tonnen Nervengas auf dieses Huhn zu feuern.

Ronald Reagan: Hab ich vergessen.

Captain James T. Kirk: Um dahin zu gehen, wo zuvor noch nie ein Huhn gewesen war.

Hippokrates: Wegen eines Überschusses an Trägheit in seiner Bauchspeicheldrüse.

Andersen Consulting: Deregulierung auf der Straßenseite des Huhns bedrohte seine dominante Markposition. Das Huhn sah sich signifikanten Herausforderungen gegenüber, die Kompetenzen zu entwickeln, die erforderlich sind, um in den neuen Wettbewerbsmärkten bestehen zu können. In einer partnerschaftlichen Zusammenarbeit mit dem Klienten hat Andersen Consulting dem Huhn geholfen, eine physische Distributionsstrategie und Umsetzungsprozesse zu überdenken. Unter Verwendung des Geflügel-Integrationsmodells (GIM) hat Andersen dem Huhn geholfen, seine Fähigkeiten, Methodologien, Wissen, Kapital und Erfahrung einzusetzen, um die Mitarbeiter, Prozesse und Technologien des Huhns für die Unterstützung seiner Gesamtstrategie innerhalb des Programm-Management-Rahmens auszurichten. Andersen Consulting zog ein diverses Cross-Spektrum von Straßen-Analysten und besten Hühnern sowie Andersen Beratern mit breitgefächerten Erfahrungen in der Transportindustrie heran, die in 2tägigen Besprechungen ihr persönliches Wissenskapital, sowohl stillschweigend als auch deutlich, auf ein gemeinsames Niveau brachten und die Synergien herstellten, um das unbedingte Ziel zu erreichen, nämlich die Erarbeitung und Umsetzung eines unternehmensweiten Werterahmens innerhalb des mittleren Geflügelprozesses. Die Besprechungen fanden in einer parkähnlichen Umgebung statt, um eine wirkungsvolle Testatmosphäre zu erhalten, die auf Strategien basiert, auf welche die Industrie fokussiert ist und auf eine konsistente, klare und einzigartige Marktaussage hinausläuft. Andersen Consulting hat dem Huhn geholfen, sich zu verändern, um erfolgreicher zu werden.

Louis Farrakhan: Sehen Sie, die Straße repräsentiert den schwarzen Mann. Das Huhn „überquerte" den schwarzen Mann, um auf ihm herumzutrampeln und ihn niedrig zu halten.

Martin Luther King, jr.: Ich sehe eine Welt, in der alle Hühner frei sein werden, Straßen zu überqueren, ohne daß ihre Motive in Frage gestellt werden.

Moses: Und Gott kam vom Himmel herunter, und Er sprach zu dem Huhn „Du sollst die Straße überqueren." Und das Huhn überquerte die Straße, und es gab großes Frohlocken.

Fox Mulder: Sie haben das Huhn mit Ihren eigenen Augen die Straße überqueren sehen. Wie viele Hühner müssen noch die Straße überqueren, bevor Sie es glauben?

Richard M. Nixon: Das Huhn hat die Straße nicht überquert. Ich wiederhole, das Huhn hat die Straße NICHT überquert.

Machiavelli: Das Entscheidende ist, daß das Huhn die Straße überquert hat. Wer interessiert sich für den Grund? Die Überquerung der Straße rechtfertigt jegliche möglichen Motive.

Jerry Seinfeld: Warum überquert irgend jemand eine Straße? Ich meine, warum kommt niemand darauf zu fragen „Was zum Teufel hat dieses Huhn da überhaupt gemacht?"

Freud: Die Tatsache, daß Sie sich überhaupt mit der Frage beschäftigen, daß das Huhn die Straße überquerte, offenbart Ihre unterschwellige sexuelle Unsicherheit.

Bill Gates: Ich habe gerade das neue Huhn 2000 herausgebracht, das nicht nur die Straße überqueren, sondern auch Eier legen, wichtige Dokumente verwalten und Ihren Kontostand ausgleichen wird.

Oliver Stone: Die Frage ist nicht „Warum überquerte das Huhn die Straße"? sondern „Wer überquerte die Straße zur gleichen Zeit, den wir in unserer Hast übersehen haben, während wir das Huhn beobachteten"?

Darwin: Hühner wurden über eine große Zeitspanne von der Natur in der Art ausgewählt, daß sie jetzt genetisch bereit sind, Straßen zu überqueren.

Einstein: Ob das Huhn die Straße überquert hat oder die Straße sich unter dem Huhn bewegte, hängt von Ihrem Referenzrahmen ab.

Buddha: Mit dieser Frage verleugnest Du Deine eigene Hühnernatur.

Ralph Waldo Emerson: Das Huhn überquerte die Straße nicht ... es transzendierte sie.

Ernest Hemingway: Um zu sterben. Im Regen.

Colonel Sanders: Ich hab eines übersehen?

Clinton: Ich war zu keiner Zeit mit diesem Huhn allein.

Was man beim Umgang mit Computern unbedingt wissen muß

Den meisten von uns ist klar, daß das englische Wort „Computer" vom Verb *compute* (rechnen, schätzen) kommt, daß ein Computer also ein Rechner oder Schätzer ist. Aber noch immer gibt es viele Zeitgenossen, die vielleicht gerade erst anfangen, sich mit diesem komplexen Thema etwas näher zu befassen.

Dieser Artikel soll all jenen helfen, die nicht mit einem Spielknaben *(Game Boy)* aufgewachsen sind und die nicht schon von Kind auf all diese verwirrenden Begriffe wie eine Muttersprache auf natürlichem Wege erlernen konnten.

Mutterbrett und Riesenbiß

Beginnen wir vielleicht mit den einfachen Dingen, die wir sehen, anfassen und damit auch noch begreifen können!

Alle Bausteine eines Schätzers werden als Hartware *(Hardware)* bezeichnet. Es ist sehr wichtig, daß man bei der Auswahl der Hartware sorgsam ist, denn nur mit guter Hartware kann die Weichware *(Software)* richtig schnell laufen.

Bei der Hartware ist das Mutterbrett *(Motherboard)* von besonderer Bedeutung. Das Mutterbrett soll unter anderem mit einem Schnitzsatz *(Chip Set)* von Intel ausgerüstet sein. Damit auch anspruchsvolle Weichware gut läuft, müssen mindestens 64 Riesenbiß *(Megabyte)* Erinnerung *(Memory)* eingebaut sein.

Natürlich gehört neben dem 3 1/2-Zoll-Schlappscheibentreiber *(Floppy Disk Drive)* auch eine Dichtscheiben-Lese-nur-Erinnerung *(CD-ROM: Compact-Disc-Read-only-Memory)* zur Grundausrüstung.

Eine Hartscheibe *(Harddisk)* mit neun Gigantischbiß *(Gigabyte)* dürfte für die nächsten zwei bis drei Jahre ausreichend Platz für Weichware und Daten bieten. Wenn wir unseren persönlichen Schätzer *(Personal Computer)* auch zum Spielen benutzen wollen, sollten wir uns neben der Maus auch noch einen Freudenstock *(Joystick)* und ein gutes Schallbrett *(Soundboard)* anschaffen.

Winzigweich und Kraftpunkt

So, damit sind nun die optimalen Grundlagen für Einbau und Betrieb der Weichware geschaffen!

Damit die Weichware mit unserer Hartware überhaupt laufen kann, braucht diese ein Betriebssystem. Es empfiehlt sich heute, ein solches mit einem grafischen Benutzer-Zwischengesicht *(Graphical User Interface)* zu installieren. Besonders weit verbreitet sind die Systeme Winzigweich-Fenster 3.1 *(Microsoft Windows 3.1)* und das neuere Fenster 95 oder Fenster 98 des gleichen Herstellers. Für Leute, die mit ihrem Schätzer anspruchsvolle Arbeiten erledigen wollen, gibt es unter Fenster 95/98 das berühmte Büro fachmännisch 95 *(Office Professional 95)*.

Dieses Erzeugnis besteht aus den neuesten Ausgaben der Weichwaren Wort, Übertreff, Kraftpunkt und Zugriff *(Word, Excel, Powerpoint und Access)*. Damit stehen dem Benutzer alle wichtigen Funktionen wie Wortveredelung *(Word Processing)*, Ausbreitblatt *(Spreadsheet)*, Präsentationsgrafik und Datenstützpunkt-Behandlung *(Database-Management)* zur Verfügung.

Aufsteller und Einsetzer

Wer selbst gerne Anwendungen entwickelt, kann dies unter Fenster beispielsweise mit dem modernen Sichtbar Grundlegend *(Visual Basic)* tun.

Natürlich gibt es vor dem Gebrauch auch gewisse Hindernisse zu überwinden. Die Weichware muß zuerst via Aufsteller *(Setup)* oder Einsetzer *(Install)* auf der Hartscheibe eingerichtet werden.

Das kann sehr viel Zeit benötigen, wenn sie ursprünglich auf Schlappscheiben geliefert wurde. Das Einrichten ab Dichtscheibe ist sehr viel angenehmer und schneller. Leider stellen aber auch hier die Aufsteller oft Fragen, die von vielen unverständlichen Begriffen nur so wimmeln. Aber die wollen wir uns ein andermal vornehmen.

Glossar

Schätzer (auch Rechner)	Computer
Spielknabe	Game Boy
Hartware	Hardware
Weichware	Software
Mutterbrett	Motherboard
Schnitzsatz	Chip Set
Riesenbiß	Megabyte
Erinnerung	Memory
Schlappscheibentreiber	Floppy Disk Drive
Dichtscheibe	Compact Disk (CD)
Dichtscheiben-Lese-nur-Erinnerung	Compact-Disc-Read-only-Memory (CD-ROM)
Hartscheibe	Harddisk
Gigantischbiß	Gigabyte
Freudenstock	Joystick
Schallbrett	Soundboard
Sichtbar Grundlegend	Visual Basic
Aufsteller	Setup
Einsetzer	Install
Winzigweich-Fenster 3.1	Microsoft Windows 3.1

Die Benutzerfreundlichkeit von Toastern

Am Beispiel des Toasters wird im Internet die Benutzerfreundlichkeit der Produkte weltweit führender High-Tech-Unternehmen vorgestellt:

IBM

Wenn IBM Toaster herstellen würde, dann würden sie riesengroße Toaster bauen, zu denen die Leute das Brot hinbringen müßten, damit es über Nacht getoastet werden könnte. IBM würde den weltweiten Markt für sich in Anspruch nehmen und fünf oder sechs solcher Toaster zum Einsatz bringen.

Xerox

Wenn Xerox Toaster herstellen würde, könnte man entweder ein- oder zweiseitig toasten, und alle nachfolgenden Scheiben würden heller und heller werden. Aber der Toaster würde das Brot für Sie auch pressen.

Oracle

Wenn Oracle Toaster herstellen würde, dann würden sie behaupten, ihr Toaster wäre mit allen Marken und Arten von Brot kompatibel, aber wenn Sie ihn zu Hause haben, werden Sie feststellen, daß die Back-Maschine noch in der Entwicklung steckt, die Croissant-Extension in drei Jahren kommen wird und das gesamte Gerät nur Rauch erzeugt.

Sun

Wenn Sun Toaster herstellen würde, dann würde der Toast oft verbrennen, aber Sie würden eine hervorragende Tasse heißen Kaffee bekommen.

Microsoft

Wenn Microsoft Toaster herstellen würde, müßten Sie jedesmal, wenn sie einen Laib Brot kaufen, einen Toaster erstehen. Sie müßten den Toaster nicht nehmen, aber Sie müßten ihn in jedem Falle bezahlen. Toaster95 würde 15.000 kg wiegen (dadurch benötigte er einen verstärkten Stahlboden), so viel Elektrizität verbrauchen, wie für die Versorgung einer kleinen Stadt nötig ist und 95 Prozent des Platzes in Ihrer Küche einnehmen. Microsoft würde behaupten, dies sei der erste Toaster, der Ihnen die Möglichkeit gibt zu kontrollieren, wie hell oder dunkel Ihr Toast sein soll, und würde heimlich Ihre anderen Küchengeräte befragen, um herauszufinden, wer die Hersteller sind.

SAP

Wenn SAP Toaster herstellen würde, wäre das Bedienungshandbuch ca. 10.000 Seiten dick, der Toaster hätte 2.500 Schalter, die alle nach exaktem Muster eingeschaltet werden müßten. Ein Team von Basis- und Funktionsunternehmern würde ungefähr ein Jahr brauchen, um den Toaster bestmöglich zu konfigurieren, und dann nochmals sechs Monate, um ihn zu testen. In der Zwischenzeit müßte Ihre gesamte Familie ausgedehnte Ausbildungskurse besuchen, um zu lernen, wie der Toaster zu bedienen ist. Und wenn einmal alles läuft, so werden sie sagen, dann haben Sie den besten Toast der Welt bekommen...